一看就懂的春秋史

A VERY SHORT HISTORY OF THE SPRING AND AUTUMN PERIOD

王维俊◎著

·修订版·

中国法制出版社

CHINA LEGAL PUBLISHING HOUSE

顾问委员会

序言　谁在春秋唱着歌

春天，万物生长，一切的一切都在积蓄能量；秋天，草木凋零，肃杀和凋零笼罩着一切。

春和秋，构成一个完整的轮回，兴与衰，治与乱，忠与叛，剑与姬……

春秋就是这么一个充斥着混乱和生命力的时代。

在周平王东迁到三家分晋的三百年中，从奴隶制中挣扎出来的人们，突然发现以前最大的奴隶主周天子失去了对权力的掌控。

于是，诸侯开始争夺失落的权杖。为了让自己更有力量，他们开始向自己的卿大夫妥协，以获得属下的力量。

这样，权力下移了，春秋乱世开始了。

另一个时代开始，肯定就有人思考；一旦思考，那么就有人歌唱。这些不平的歌声，最终汇聚成一本春秋的《诗》。

最开始唱歌的是行将没落的西周王室贵族，他们的尊严、力量和希望都在春天开始的时候成为新生势力的养料。尊严被诸侯的盟会践踏，力量被士大夫的私兵粉碎，而希望则随着西周王室的传统一起腐朽。他们唱的是《黍离》：在昔日繁华的殿堂上啊，长着茂盛的蒿草。我经过这个祖先的荣耀之地啊，脚步和内心一样沉重。那些理解我的人知道我内心的伤悲，而那些不明白历史的人却讥笑我的悲伤……

夏天到了，唱歌的人变成了卿。他们在春秋的盛世靠着自己的智慧、力量

和出身焕发出勃勃生机，郁郁葱葱地绽放在中华大地上。如果在这么多卿中挑选一位最能代表夏天的人，就是赵盾。这个被称为“夏日之阳”的男子，也有适合自己的歌曲——《羔裘》：你穿着漂亮的豹皮衣服啊，却为何对我一脸骄气，却为何与我做朋友呢？因为你心中有着情义。

到了秋天，繁华终要掉落。所有基于祖先的一切腐朽和新生都在硕果累累中显得毫无意义。西周的贵族早就无影踪了，而卿则耗尽了自己的能量，最终只有代表未来的士大夫成为社会的主流。在战国的严冬到来之前，春秋的繁华和美丽尽在这些新崛起的士大夫身上展现。孔子带着这些士大夫，唱着新谱写的歌——没有韵律，却更加的动听。他的歌声更像是说唱：我一个人在读书啊，反复地朗诵啊，难道不快乐吗？有一个朋友啊，从远方来，分享能不让我欢乐吗？即使他不赞同我的观点啊，我也不生气，因为这才是真正的君子啊。

除了代表季节的三位主唱，还有其他人在春秋唱歌。

那些来自远古贵族后裔的平民，他们为一切变更喜悦，也为一切变更而痛苦，于是他们只能唱着自己的生活歌，比如《伐檀》：嘿哟嘿哟，砍着高大的树木啊，黄河之水清澈而宽广啊，一如这天地……比如《无衣》：不要说没有足够的武器，朋友啊，我和你一起战斗……比如《鸡鸣》：天上的小雨还在淅淅沥沥地下着，情郎哥哥你别着急……

唯一在春秋时代没有声音发出来的是奴隶，不过不只是春秋，那个时代，属于最底层的民众，又能发出什么声音呢？

所以，不要思考太过于复杂的东西，只需要静静聆听这些歌，闭上眼睛，感受时光的画卷舒卷翻动。

开始，天子东迁，一切都失去秩序，如同低沉的长箫……

然后，齐桓公称霸，使人们看到重建秩序的希望，如同高亢的唢呐……

高潮，晋楚两百年的杀伐，每个人都在战乱中热血沸腾，如同铿锵的锣鼓……

中场，两次弭兵之会，政客们勾勒着希望，如同欢快的笛声……

再者，来自偏远地区的吴楚争霸，想要对世人展示自己的存在，如同难登大雅之堂的铙钹……

最后，三家分晋，田氏代齐，各国内乱，曲谱乱了，乐队散了，只剩下几个音响发出沙哑的漏风声……

这是一场名为春秋的歌的全部演奏。

曲终人散，两千年后，我作为导游带着各位一起欣赏这春秋的唱片。

目 录

第一章　乱世序幕：周室权威的衰落

平王东迁洛邑城 / 002

成也分封，败也分封 / 006

一部让乱臣贼子恐惧的史学巨著 / 010

熊通自立为王，楚国登上春秋舞台 / 014

昙花一现的郑国霸权 / 018

那一天，天子中了一箭 / 022

秩序失衡的缩影 / 026

第二章　管仲治齐：春秋第一霸主

小白即位，管仲为相 / 032

挥舞着的经济大棒 / 036

曹刿的理论性胜利 / 039

齐国的第一次“联合国”大会 / 042

在尊王攘夷的旗帜下行动 / 045

不同选择的晋国内乱 / 048

假虞灭虢事件始末 / 052
葵丘会盟，桓公登顶 / 055

第三章 表里山河：晋国称霸中原

“霸”的权力和责任 / 060
不名誉地被俘 / 065
饿死的霸主 / 069
宋襄公兵败泓水 / 072
天然大国的发展 / 076
晋楚百年恩怨的开始 / 079
让秦人再哭五十年 / 083
争霸赛的第二轮 / 088
化装逃跑的齐顷公 / 092

第四章 双王并立：楚国崛起于南方

灭国狂人秦穆公 / 096
春秋小国被灭的样板事件 / 099
一鸣惊人的楚庄王 / 102
让我们学习敌人吧！ / 106
称一下国家到底有多重 / 109
无法磨灭的“赵盾弑其君” / 113
“其无后乎”的诅咒 / 118

宋郑两国的不同遭遇 / 121

第五章 百年战争：战争带来文明飞跃

生产力发展带来的初税亩改革 / 126
不是天子，也作六军 / 130
美女引起的大骚乱 / 134
鄢陵之战 / 137
你死我活的内部斗争 / 143
继承制度落后带来的国家衰败 / 147

第六章 黄金时代：士阶层的崛起

天不生仲尼，万古如长夜 / 152
一顶绿帽引发的血案 / 157
“联合国和平大会”召开 / 161
“三桓”分鲁 / 166
又一个倒下的贵族栾氏 / 170
公开的法律才是好法律 / 174
士大夫和国君之间的政治博弈缩影 / 178

第七章 吴越争霸：春秋争霸的尾章

烈火烹油大楚国 / 184

柏举之战（上）：吴国霸业的开端 / 187
柏举之战（下）：楚国衰败的起点 / 191
晋国称霸战争的终点 / 195
槜李之战和夫椒之战：地缘决定的国家争斗 / 198
南北水运沟通的开始 / 201

第八章 列国分崩：古典中国时代结束

子贡一出动天下 / 206
后来居上的大越国 / 210
姑苏城里硝烟弥漫 / 214
勾践灭吴，霸业残响 / 218
圣人已死天下乱 / 222

第一章

乱世序幕：周室权威的衰落

平王东迁洛邑城

彼黍离离，彼稷之苗。行迈靡靡，中心摇摇。

知我者谓我心忧，不知我者谓我何求。悠悠苍天，此何人哉！

——《诗经·王风·黍离》

相传这首诗，是两千多年前东周大夫路过故都镐京，见到昔日宫殿遗址上长满了黍，因而发出的悲叹。

对周人来说，虽然天子依然在位，但是离开了这个有着三百年荣耀的镐京，就是国家已经灭亡了。普通周人如此，那些身居高位的周王室大臣和天子周平王当然也知道这个道理，故土难离，可是他们不得不离开镐京这片热土了。

周幽王十一年（公元前771年），因为遭受了父亲周幽王的不公平待遇，太子宜臼联合自己的舅舅申侯做了一回“带路党”，将周的生死大敌戎狄人在各地诸侯反应过来前带入王畿之地。按照计划，这些戎狄人杀死了周幽王，然后在抢了一把之后，赶在各地诸侯救援之前撤退了。并且，各地诸侯面对唯一的继承人宜臼很爽快地表明了态度，拥立其做了天子，是为周平王。可是，超出计划的是，戎狄人经过这次带路事件，熟悉了镐京附近的地理，而且也对镐京的财富上了瘾，隔三差五的就会有小规模部队进入周王室领土抢掠。

不过，对如愿以偿的周平王来说，这都是小问题，毕竟周王室的财富积累还够戎狄人抢上很长时间，而且直接承担损失的不是周平王自己。可是没想到的是，因为这些抢掠，那些受损的贵族不满意了，而且面对被小小戎狄轻易打败的虚弱周王室，诸侯开始蠢蠢欲动了。

雪上加霜的是，似乎老天爷也看不惯周平王的这种行为。平王继位之初，即发生了川竭山崩的天灾，在当时的天命观念下，这便是“天不吊周”。因而，包括周的贵族在内，人们想方设法逃避这场大灾难。

随后，犬戎入侵，天灾人祸纠结在一起。有组织的和无组织的，在周王室领土上，兴起了一股东迁移民热潮。其中，以郑国的东迁最为典型。本来，郑国是在现在的陕西华县一带，这里是属于周王畿之内。郑国的开国之君是周宣王之弟，时任周司徒的郑桓公。这是一个深得民心的重臣，而且对王室忠心耿耿。

面对这一幅亡国景象，无力抵御甚嚣尘上的末日流言的郑桓公，被迫求救于太史公伯阳父。值得一提的是，太史公是掌管王室历史记录的官员，而且占卜、预言、散播流言、星相解释、解梦等，反正有关神秘主义的事情都是由其负责。

这些恶意的揣测、世界末日论的散播者就包括伯阳父。

一天，郑桓公找到太史公说：“王室有这么多变故，我到哪里去逃命呢？”太史公回答说：“只有洛河以东，黄河、济水以南可以安居。”郑桓公说：“为什么？”太史公说：“那地方邻近东虢国（今河南荥阳）和郐国（今河南新密东边），虢、郐二国的国君贪婪好利，百姓不亲附。现在您身为司徒，百姓都爱戴您，您如若请求住在那里，虢、郐的国君看到您正在掌权，就会轻易分给您土地。您果真居住在那里，虢、郐的百姓将都是您的子民。”

▲ 周平王东迁

▲ 犬戎石刻

郑桓公说："周朝衰落，哪些国家将兴盛？"

太史公说："大概会是齐国、秦国、晋国、楚国吧。齐国，姜姓，是伯夷的后代，伯夷辅佐尧帝掌管礼仪。秦国，嬴姓，是伯翳的后代，伯翳辅佐尧帝安抚各个部落。至于楚国的先祖，都曾经有功于天下人。周武王打败商纣王后，周成王将叔虞封在唐，那里地势险阻，凭这样有德的子孙与周朝的衰落相并存，它也一定会兴盛起来。"

虽然这些话不符合逻辑，但是出自掌握沟通天地的太史公之口，郑桓公很是同意，不久就迁徙到了雒邑东面。

郑国本来是王室的屏障，现在这个屏障走了，连个挡戎狄刀的诸侯都没有，周平王所带领的周王室直接暴露在敌人兵锋之下了。

另外，士兵们也开始躁动起来。

《诗经·王风》中有一首《扬之水》，写的就是被周平王派遣到申、甫、许等国驻守的周兵的不满与怨思，"彼其之子，不与我戍申（甫、许）"，士兵们埋怨，为什么申、甫、许国的人不来和我们一起站岗放哨呢？名义上是防止楚国入侵周之门户，实际是替周平王的母家当看门狗。为什么，因为周平王的舅舅申侯在这次动乱之中立下了从龙之功，然后以其身份和功劳把持了周王室的权力，这对一直是以宗族作为根基的周王室来说是一种颠覆，诸侯更加不满起来。

面对来自内外的压力，周平王开始筹备东迁事宜。

东迁的目标很明确，就是洛邑城。因为早在二百多年前，伟大的政治家周公旦就好像预见了王室衰微的这一幕，早早为此做好了预备方案。

洛邑是一座规模宏大的都城，已经建设好了太庙、宗庙（文王庙）、考宫（武王庙）、路寝、明堂"五宫"，城内还有"内阶、玄阶、堤唐、应门、库台、玄阙”等不同的通道。而且洛邑城的地势非常好防守，城墙高大，四面都有可以做要塞的防御地形。

对周平王来说，虽然洛邑周边的田地都是处女地，没有经过大规模开垦，经济基础薄弱，但是完备的基础设施和都城的名义是迁都的最好选择。

周平王元年（公元前770年），东迁正式提上了议事日程，不过没想到一开始就受到了周公的反对。周公反对道：“镐京，左边有崤山、函谷关，右边有陇国、蜀国，而且沃野千里，绝对可以称得上是天府之国。现在，大王如果舍弃镐京，迁都到洛邑，臣认为不可！”

知识链接 戎狄

戎狄是西戎和北狄的合称，它不是从血统划分的。戎狄是逐水草而居的游牧群体，他们的力量并不是很强。有人分析，如果周平王能够团结周王室的力量，励精图治，对付还处于原始社会状态的戎狄是很容易的。

然而，平王并没有信心在镐京和压力抗衡，忽视了周公的谏议，在秦、郑、晋等诸侯的保护下，率领周王室人员很快迁徙到新的都城——洛邑。

而这次迁都就是周王室噩梦的开始！

知识点思考 为什么周公反对迁都?

周公是周代的爵位，得爵者辅佐周王治理天下，爵位世袭。对他来说，镐京有其熟悉的环境和既得利益。在新的都城，肯定会重新进行权力和利益划分，这对既得利益者周公是不利的。和历史上的所有迁都一样，作为既得利益者的大贵族都会反对迁都。

成也分封，败也分封

价人维藩，大师维垣，大邦维屏，大宗维翰。

怀德维宁，宗子维城。无俾城坏，无独斯畏。

——《诗经·大雅·生民之什·板》

西周建国，分封天下，八百诸侯，威震天下。

分封制对西周的繁荣做出了不可磨灭的贡献，将这个王朝从奴隶制度中解放出来。而到了东周时期，固有的分封传统则成了东周王室的催命符。东迁后的周王室没有东西可以赏赐给臣下，那么就只能给他们土地和名分了。

平王东迁有一个致命的弱点，那就是东迁的都是贵族和王室直系成员，镐京周边地区的广大百姓并没有跟随平王一起东迁。也就是说，虽然摆脱了戎狄的骚扰，但是周王室彻底丧失了成为一个国家的资格——一个抛弃其国民的政权，怎么能够兴盛呢？

而且，由于本身的力量虚弱，周王室能够依赖的就只有诸侯的支持和天下共主的这个名分了。

东迁过程中，三位诸侯立下了汗马功劳，分别是郑武公、晋文侯、秦襄公。这三个诸侯国本身并不强大，只不过位置靠近王室直属领土，所以近水楼台先得月，获得了这次“勤王”的功劳。

先说西面的秦襄公。秦当时还不是一个国家，其首领的爵位不高，只是大夫，而且因为其血统和周王室没有关系，在传统诸侯国看来，秦不过是戎狄中稍微文明一点的部落，所以不能得到周王室的信任。此次东迁行动，秦襄公因为地缘关系，审时度势，旗帜鲜明地支持周平王，因此得到了丰厚的赏赐。

周平王元年（公元前770年），周平王封秦襄公为诸侯，赐给他岐山以西的土地，并说："犬戎凶恶无道，掠夺我们岐、丰的土地，只要秦国能攻打并赶走西戎，就可以占有那些土地。"表面上来看，周平王是拿被戎狄人占领的土地来赏赐部下，鼓励部下进取，自己没有损失。实际上，这个分封则让周平王丢尽了政治上的分数。岐山是西周王室的发源地，有着重要的政治意义，而周平王将它送给秦国，那么基本上就堵住了东周重返故土的道路。

"溥天之下，莫非王土，率土之滨，莫非王臣"，西周时代，只有周王室才有名义去消灭某个国家，只有天子才有权力决定和谁作战，而现在周平王与秦襄公盟誓，将与戎狄作战的权力和获胜的战利品全部划分给秦襄公，这就给了其他诸侯一个信号，周天子再也不是天下唯一一个可以做决定的人，只要诸侯有力量，就可以随意攻击。

第二个大功臣晋文侯很明确地接收了这个信号，并且迅速地做出了反应。

晋国出自周王室，晋文侯因在平王东迁中的功劳得到了更大的赏赐。周平王为嘉奖晋文侯"定天子"之功，作《文侯之命》一文，并赐给晋文侯"秬鬯一卣；彤弓一张，彤矢一百，卢弓一张，卢矢一百，马四匹"，赞扬晋文侯是促成他安于王位的人，勉励晋文侯能像周文王、周武王时的贤哲们一样尽心辅佐王室，继承列祖列宗的优良传统，治理好自己的国家。

不过，这些礼仪性的东西对一个大国诸侯来说是不够的，平王东迁后，晋文侯辅政，一方面尽力地开拓洛邑好安顿周王室，另一方面则不停地带领晋国人向山西汾水流域扩张领土。而这种行为在开始并没有拿到周平王的“许可证”，但之后，周平王视而不见，默认了这种扩张。也就从这个时候起，晋文侯从天子手中悄悄偷走了征伐一方的权力。

知识链接 彤弓

彤弓就是涂了红色颜料的弓。中国人在原始社会末期就学会了使用红色颜料，并将这些颜料广泛应用在木器和陶器上。但是，这种红色颜料是非常珍贵的，所以红色也就成了地位尊贵之人专属的颜色。在西周时期，只有周天子可以使用红色的器皿。平王赐给晋文侯彤弓等于变相赐予了其天子的权力。

东迁过程的第一功臣是郑武公，他付出更多，收获也更多。

他亲自率领三百乘的军队，为周平王浴血拼杀，在戎狄人的包围中保护了整个周王室，而且在东迁之后一直率领军队威慑四方蛮夷。从血统上来看，郑武公和周平王的血脉最亲近，于是郑武公也获得了辅政的资格，担任周王室的卿士。

作为执掌周王室军事大权和郑国大权的诸侯，郑武公有着更大的便利和野心，也毫不掩饰地进行扩张活动。他先后攻灭东虢国和郐国，吞并周边鄢、蔽、补、丹、依、畴、历、莘八邑（千人聚居点）。在周平王的视线范围内，大肆扩张，彻底阻挡了周王室向东、南两个方向的发展空间。

就在周王室被郑、秦、晋四面包围，生存空间被挤压的同时，周王室内部也产生了分裂。

周平王“隐性带路党”行为，间接杀死了自己的父亲幽王，这是为传统礼法秩序所不能接受的，所以在周平王继位同时，周幽王的宠臣、诸侯虢石父率领一些小诸侯拥立周幽王的弟弟余臣为天子，是为周携王，周王朝出现两王并列的局面。

周携王和虢石父的势力本来就位于洛邑周边地区，现在周平王被迫东迁，新来者和“土著”更是水火不容。然而周王室已经衰落了，双方都无力发起一场战争来吞并彼此，所以相安无事。

周平王十一年（公元前760年），完全占领了汾水流域的晋文侯为了讨好周平王，向周平王建议说：“天无二日，国无两王。携王虽为先王之弟，没有得到天下诸侯公认而擅自称王，实属叛逆行为，应当予以讨伐。”然后，在周平王还没有反应过来前，就派出了军队。

周携王也没有反应过来，他很清楚周平王的力量，更没有想到晋文侯胆大到自己动手。周携王集团里的君王大臣到平民百姓都没有丝毫的战争准备，被晋军的突然袭击打得晕头转向。晋军很快攻入城中，到处杀人放火，街头巷尾尸横遍野，惨不忍睹。晋文侯亲自指挥军队攻入王宫，随即逼迫周携王自刎而死。

晋文侯下令将幸存者驱赶出城，命令士兵将贵重财物、典籍图书等全部搬运回晋国，然后放火焚烧王宫和城中所有的房屋，整个惠邑王城陷入火海，很快变成了一片废墟。

本来周王室分裂是王室内部的事情，怎么也轮不着臣（本意为奴隶的一种）来插手。而这时，一个名义上是天子的人能被诸侯逼迫而死，那么这个周朝也就只剩下空壳了。

两王局面结束后，并没有像周平王想象的那样，周王室团结一心、奋发图强，反而让周王室的虚弱彻底暴露在世人面前，而东周乱世也随着中央权威的丧失而逐渐拉开帷幕……

一部让乱臣贼子恐惧的史学巨著

大雅久不作，吾衰竟谁陈？
王风委蔓草，战国多荆榛。
……
我志在删述，垂辉映千春。
希圣如有立，绝笔于获麟。
——李白《古风五十九首·其一》

中国自古以来就有崇拜祖先的传统，所以也就有了记载历史的传统。周代，史书都叫作“春秋”，因为那个时候气候比较暖，生活节奏也比较慢，记述大事件时，并不需要明确记载发生于何时，只在前面写上“春”或者“秋”来表明时间。

本来只有王室才有权记录历史，也就是说褒贬人物，让他流传名声于后世或者让他湮没在历史长河中的权力是属于周王的。然而，随着平王东迁，王室不再有能力记录各地发生的大事，丧失了“舆论”大权。于是，各国都开始记述自己的历史，有晋之《乘》、楚之《梼杌》、鲁之《春秋》等。

其中，因为鲁国先祖本来就担任着周王室的史官职务，所以鲁国所记载的《春秋》就逐渐成为主流史书。

现存《春秋》，从鲁隐公记述到鲁哀公，历十二代君主，计二百四十余年，它基本上是鲁国史书的原文。

周平王四十九（公元前 722 年），《春秋》这本书记载的第一个年头。本来这年并没有发生什么大事，但是因为这部著名的史书而显得不一样。

记录《春秋》的史官有着足够称道的职业精神和更高的文学素养，《春秋》这本书浓缩了中国人光辉的史学精神。对一个史官来说，最重要的是还原历史的真实，不为任何威胁利诱改变自己的立场，即使在当时没有任何的能力来阻挡敌人，也要用手中的笔来维护公义。而且，对记录来说，每个史官都将自己强烈的感情融入这些凝练而又简洁的文字中，是为“春秋笔法”。

春秋时代的史官是独立的，因而我们所能看到的历史是不被任何人文过饰非的。

这是记录在《春秋》中关于春秋记录者的故事。春秋中后期，周灵王二十四年（公元前 548 年），齐国大夫崔杼杀掉了当时的国君齐庄公，这种行为在奴隶制社会里被看作“以下犯上”。齐国太史在记史的简策上写下某年某月某日“崔杼弑其君”的话。崔杼看了大怒，当场就把太史杀掉。太史的兄弟继续这样写，崔杼又杀。然后，太史年仅五岁的儿子回答说：“我虽然年幼，读书很少，但是让我记录史书的话，还是这样写。”面对这种不屈不挠的反抗，就算在齐国一手遮天的崔杼也不得不表示让步了。

而且，这不仅仅是一国太史的职业操守。有一南史氏听说了这件事，也拿着写有“崔杼弑其君”字样的竹简，准备舍身去继续前几任史官的义举，半路上有人告诉他已经写成，他才放心地转身回家去。

“古之王者，世有史官，君举必书”，所谓“君举必书”，说明史官的职责是为国君记言记事，有点像后世的书记官性质。所以齐君被崔杼杀死后，齐国太史有权也有责任把这一真实情况记录下来。虽然这样会触怒崔杼，以致牺牲

▲ 青铜龙柄饕餮纹匜

生命，但是这对史官来说又是义不容辞的。因为他们很讲究所谓“书法”，以此来为奴隶制社会里的最高统治者服务。如果有史官不遵“书法”，那就是失去了史官的职守，是会被人看不起的。唯其如此，齐国太史家族为保全名誉，哪怕面临死的威胁，也决不后退一步。

正是这种不畏强权的史学精神，让我们现代人还能够如实地看到几千年前人们的思想、行为和节操。

无独有偶。周匡王元年（公元前612年），晋国执政赵盾的手下杀了晋国国君，当时赵盾本人身处国外，史官董狐写“赵盾弑其君”，赵盾去跟他解释，说：“我已经离开了，这件事情肯定不是我做的啊。”董狐对他说：“你是国家总理，你全权负责这个国家的运行，如果出了任何差错，都是你的行为不当，坐在这个位置上，就应该承担义务，包括被骂，你怎么能推脱责任呢？”

以当时赵盾在晋国的权势，他想杀谁杀谁，连狐氏家族等从亡重臣也被他排挤，但是他还是不敢面对史官的仗义执言，满面羞惭地离开。

独立的人格赋予史官独立的精神，也让《春秋》成为不朽的经典。

相传，现存的《春秋》是经过孔子整理的，他在这本书中采用了“微言大义”的写法，“直书其事，善恶自见”，在实录历史的优良习惯上更进一步，以史的审判补足法律的审判。可以说，这是中国史学不朽的精神内在。也可以说，《春秋》不仅仅是一部史书。

比如，《春秋》中所用“杀、弑、诛”等字，其实各有深层含义。杀指无罪而杀，弑指以下犯上，诛则指有罪、有理而杀。《孟子·梁惠王章句下·第八》中魏惠王问关于周武王讨伐商纣之事：周武王是商纣王的臣子，他以下犯上杀害自己效忠的君王合理吗？孟子回答：损害仁义之人，只不过是个“一夫”（即无道寡助的匹夫、独夫），“闻诛一夫纣矣，未闻弑君也”（我只知道诛杀了一个叫纣的有罪之人，却没有听说过这都可以算上是以下犯上的弑君）。

不过，因为《春秋》是粗线条的笔墨，记事简略。为补这一遗缺，后来又出现以春秋为主本的传，即现今流传下来的《春秋公羊传》《春秋谷梁传》和《春秋左氏传》三种，并称“春秋三传”。而《春秋》和《春秋左氏传》是我们了解春秋历史最重要的资料之一。

正是这样，“孔子作《春秋》，而乱臣贼子惧”，独立的精神铸就了春秋时代那英雄辈出、君子名扬的激荡风貌。

知识点思考 为什么崔杼不换自己的心腹当史官呢？

春秋时期，官员分为两种，国家官员和国君官员。国君官员是丞相之类的官员，他们直属于国君，帮国君处理国家事务；国家官员直属于周天子，对传统负责，并没有义务服从国君的领导。史官是国家官员，即使崔杼执掌了齐国，也没有能力对这个神秘、独立、专业的职业置喙。

熊通自立为王，楚国登上春秋舞台

> 帝高阳之苗裔兮，朕皇考曰伯庸。
> 摄提贞于孟陬兮，惟庚寅吾以降。
> ——（战国）屈原《离骚》

就在王室衰微、诸侯不安时，来自南方的消息更是给了周平王狠狠的一击——周平王三十一年（公元前740年），楚国国君熊通自立为王，是为楚武王。

“王”这个字本意为兵刃的一种，源自原始社会的军事贵族首领，是独一无二、至高无上的，普天之下，只有一个王，那就是周王。随着周王室的衰落，虽然诸侯不再那么恭顺，但是还没有哪个诸侯敢自称为王，而楚国国君冒天下之大不韪，简直是把周王室最后一块遮羞布也扯下来了。

楚国国君熊通为什么有这种行为呢？得从楚国的源头说起。楚国王族屈原在《楚辞》中说，“帝高阳之苗裔兮”，自称楚国是高阳氏的后裔，是一种贴金式的吹嘘，并不可信。据考证，商朝后期时，楚国人逐渐从河南新郑一带南迁到河南淅川一带（古丹阳）。可以说，从源头上来看，楚人也是黄河流域文明的一支，在周文王、周武王时代，楚人凭借自己从黄河流域带来的先进生产技术逐渐在汉水流域发展起来，并建立了一个部落制国家。

西周成王时，楚国首领熊绎去朝见周天子，接受了周天子的封号，成为周朝体制内的一员。此后，楚国经常向周王朝进献桃木弓、枣木弓。不过对周王朝来说，楚国虽然出身于黄河流域，但是因为“入夷狄则夷狄之”，其生活习惯、政治文化、军事组织，已经和其他“南蛮”没有区别。所以，在召开国家典礼时，千里迢迢来贡献土特产的楚国国君熊绎并没有受到一个诸侯该有的礼遇，反而与当时的狄夷一起“守燎”，在任务安排上，也是负责“苞茅缩酒”的下人活儿。

于是，受到了侮辱的楚国国君眼红地开始带领国人“筚路蓝缕”地艰苦创业，他们“折钩之喙，足以为九鼎”，因而历代楚王若三年不对外征战，国人就把他当成胆小鬼。这种全民疯狂扩张迅速壮大的势头，被西周王室所察觉，所以在汉水流域分封了很多同宗小国，是为“江汉诸姬”，以遏制楚国的扩张。

没想到，肉包子打狗——一去不回，这些小国没能阻挡楚国的扩张，反而充当了运输大队，带去了当时西周先进的文明，为楚国的发展“添砖加瓦”了。周昭王时，面对楚国这种不听号令、擅自攻伐灭国的行为，周王亲自南征荆楚。结果，志大才疏的周昭王渡过汉水时被伏击身亡，西周“丧六师于汉”。这是楚国与西周的第一次大规模冲突。

然而，毕竟道路遥远，随着周王室的衰落，面对远在天边的楚国行动，吃了个大亏的周王室只能睁一只眼闭一只眼。哪想到，这种姑息纵容的态度更是给了楚国人“周室可欺”的印象。

周平王三十一年（公元前 740 年），熊通继位，是为楚武王。

熊通是位具有雄才大略的君主，在稳定君位后，先是与邓国（今湖北襄樊）联姻，娶邓国公族女子为夫人，解除了楚国向东、北方向扩张的后顾之忧。两年后，楚武王便挥师渡汉，远征南阳盆地，攻打周朝设在汉北的重镇，但没有得手。于是楚武王转而攻打江汉平原西部，灭掉权国（今湖北当阳），完成了三代楚国国君的夙愿。权国国土不广，但国力不弱，是楚国在汉水流域最强大的竞争对手。

周桓王十四年（公元前 706 年），已经成为长江汉水流域霸主的楚国开始入侵随国。姬姓随国是“江汉诸姬”中最后一个也是最强大的一个国家，封邑宽广，大致以“随枣走廊”为中心，北抵新野，东邻应山，南及京山，西近襄樊。这一带经过夏、商几百年开发，土地肥沃，生产发达，文化先进。

面对强敌，楚武王先派人去求和，把军队驻在瑕地以等待结果，随国人则派少师主持和谈。令尹斗伯比对楚武王说：“我国在汉水东边不能迅速平定，是我们自己造成的。我们扩大军队，整顿装备，用武力逼迫别国，他们因为害怕所以紧密团结在一起。在汉水东边的国家中，随国最大，而且自高自大。如果它的压力小了，就必然抛弃小国。小国离心，对楚国有利。少师这个人很骄傲，请君王隐藏我军的精锐，而让他看到二线部队，助长他的骄傲。”听从建议的楚武王故意让那些年老年少且身体虚弱的士卒来护卫随国少师。

双方达成和平协议后，楚武王说：“我们是蛮夷，现在中原诸侯都背叛天子而互相攻伐侵夺。我好歹有这么一个军队，愿意为周天子分忧，请求周王室尊封我的名号。”随侯畏惧楚国的兵威，照办不误，派遣使者向周天子进言，请求加封楚国国君名号。

当时楚国国君的爵位只不过是低下的子爵，与楚国的势力是不相称的，楚君想要提升爵位到侯爵是可以理解的。然而，封哪个人什么爵位这是周王的权力，根本不可能由哪个诸侯来置喙，何况是一个边缘的小国为一个蛮夷之君请封呢？所以周王很干脆地拒绝了，而且转眼就把这件事情给忘了。

这种“不屑于带你玩”的态度激怒了楚国人。

周平王三十一年（公元前740年），楚武王得到消息后，大怒说：“我的祖先鬻熊，是周文王的老师，很早就去世。周成王提举我的先公，竟然只封他子爵的土地。现在蛮夷部族都顺服于楚国，而周王室不提升楚国爵位，我就只好自称尊号。”于是当即自称王号，是为“楚武王”（之前，其称呼应该是楚子，“武”是谥号，楚武王是其死后楚国大臣给他的封谥）。

知识链接 楚国源头

相传，商王盘庚的女儿妣隹征婚，楚部族的首领季连趁机追求到了她，此后便居住在盘地。他与妣隹生了绁伯、远仲两个儿子，被尊为楚国的始祖。可见楚人与殷人存在亲缘关系，这也为后来楚国人不服周埋下了伏笔。湖北省武汉市有商代的盘龙城遗址，那里出土有青铜器和玉器，说明商代时荆楚地区已有初步发达的文明。

如果仅仅是口头上称王，周王室还可以自我安慰说“楚国人是蛮夷，称王只是一种赌气式的玩闹”，但是马上楚国人就开始了“天子气度”的征伐。

周桓王十六年（公元前704年），楚国趁着随国“骄傲自大到没有朋友”的机会，攻入随国国都，逼迫随国宣布脱离周王室领导，成为楚国附庸；周桓王十七年（公元前703年），楚国人联合蜀地的巴国攻入邓国，获得了一次巨大的胜利，势力进入今重庆地区；周桓王十九年（公元前701年），楚国击败随、绞、州、蓼四国联军的进攻，逼迫他们签订盟约，成为名副其实的长江霸主……

楚国崛起，武王称王，开诸侯僭号称王之先河，是来自长江流域的对黄河文明最嚣张的挑衅。然而，当时周王室衰微，对楚国只能听之任之，因为此时对周天子来说，近在眼前的郑国崛起才是最大的危机。

知识点思考 为什么楚国能迅速崛起？

楚国的崛起过程，可以用一句话概括，那就是在坚定意志带领下的，利用先进生产技术对落后江汉流域的大开发。楚国贵族来自黄河流域，他们带去了先进的生产力，又对当地使用掠夺、征服等方式重建南方的生产关系，解放生产力，楚国因此迅速强大起来。

昙花一现的郑国霸权

子弟全凭教育功，养成稔恶陷灾凶。

一从京邑分封日，太叔先操掌握中。

——（清）蔡东藩《东周列国志》

这首人物品评诗写得一般，内容是春秋小霸主郑庄公的故事。说到郑庄公，得先从平王东迁和郑武公说起。

郑武公辅佐平王东迁，建立东周后，一直努力扩张郑国的领土范围，不过因为郑国本身是迁徙过来的国家，自身力量不是很强大，而且还需要分出一部分力量来拱卫周王室，并且在国家行动上还受到周天子的约束，所以扩张行动只能遮遮掩掩。

周平王八年（公元前763年），郑武公占领东虢国都城（今河南荥阳），灭亡东虢国，横扫周边鄢、蔽、补、丹、依、䣙、历、莘八邑。此后，郑国鸠占鹊巢，把国都迁到郐国故都，使原来的寄帑之地变成自家地盘，并把国人全部从陕西迁到河南，以“郑”为号新建国都。

其后，郑武公想发兵攻打胡国。可是郑国灭他国的名声放在那里，任何一个国家都警惕地看着郑国的动向。攻打一个有准备的国家，就算获得胜利也是得不偿失的，因此郑武公先和胡国国君联姻，将自己的女儿嫁给了胡国国君。

▲ 郑庄公

不久，郑武公和大臣们公开商议国事。郑武公说："我想发兵征讨外国，扩充疆土。诸位以为哪个国家最适合讨伐呢？"有大臣实话实说："环顾周边，综合考虑，我觉得讨伐胡国最符合我国的利益——既不会招致其他周的属国反对，胜算也是最大的。"

郑武公听闻装作发怒的样子，呵斥这个大臣说："我们已经和胡国是姻亲了，怎么能够做这种不义不信的事情呢？"然后就将这个讲实话的大臣斩了，并且四处宣扬这件事情。消息传到胡国，胡国国君心头窃喜，以为郑国果然跟自己是友好和睦的关系，就放松了警惕。

过了几个月，郑武公不宣而战，突袭了胡国，杀死了国君，占据了土地，灭亡了这个国家。

除了对外努力扩张，郑武公还在国内大力推行改革。

"商人"是前朝遗民，多是有技术、会经商的能人，周灭商后将其定为世袭奴隶。郑武公东迁后，看到他们是建设国家不可忽视的力量，就依靠这批力量发展经济，开垦土地，扩建包括虎牢城在内的城池，甚至修建了一座高过百雉城墙的"京"城。

郑武公晚年，郑国已经不再是东迁初期那种寄人篱下的小国模样，成了地方千里的大国，而其子郑庄公更是将郑国的强大推向了顶峰。

郑庄公是在危机中登上国君位置的。

虽然是嫡长子，但是郑庄公一直不为母亲姜姬所喜爱，而弟弟叔段则深受母亲喜欢。在姜姬的支持下，叔段虽然没有成为国君，但是得到了新修筑的"京"城作为封地。如前文所述，"京"城是郑武公时代，集合郑国全国财力、物力兴建的。将“京”城分封给叔段就等于是给郑国埋下了分裂的炸弹。

郑庄公对姜氏与叔段企图夺权的阴谋也清清楚楚，但却不动声色。有人对其进谏，非常“善解君意”地为庄公列出公子叔段的过错，并说：“共叔段的分裂行为像野草一样在国内蔓延，请您抓紧机会处理啊！”郑庄公深知这些小错误不足以给叔段定为死罪，如果对其处理过重就会引起国人的议论，于是对进谏者说：“多行不义必自毙。”

周平王四十九年（公元前722年），叔段起兵谋反，然而他的分裂行为并没有得到郑国人的支持。就在叔段起兵攻打郑国国都新郑的同时，庄公派人攻入“京”城。消息传来，叔段的部队溃散，叔段被迫出奔，逃离郑国。

对内以“温柔”的方式清剿叛乱后，郑庄公迅速将目标移到了对外扩张上。此时的郑国处于四战之地：南有蛮楚，北有强晋，西有东周，东面则有卫、曹、鲁、宋、陈、蔡等国，其中宋国国大爵尊，是郑国扩张的最大障碍。

郑国首先和齐、鲁建立稳定的同盟关系。郑庄公几次和齐、鲁二君会盟，还在攻取宋国的郜、防二邑后将其送给鲁国。不久，郑、鲁、齐三国形成了巩固的同盟关系，从西、东、北三个方向包围了宋国。

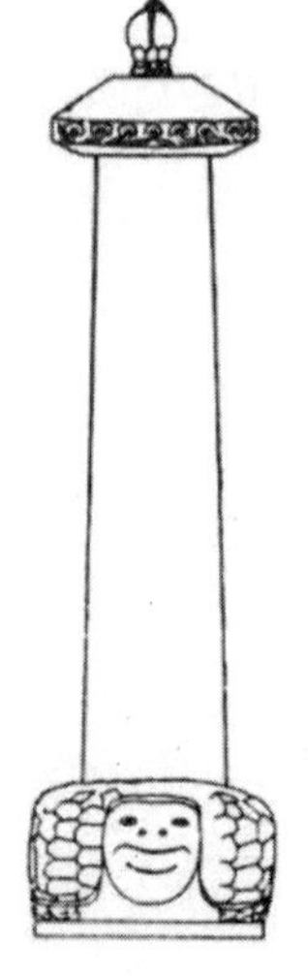
▲ 盟誓之柱

然而，郑是一个新起的小国，而且才迁徙到东方几十年，在诸侯中根本没有什么号召力。不过，郑庄公是周朝的卿士，具有特殊的身份，能够借用周天子的名义。于是庄公宣称宋国久缺朝贡，自己以卿士的身份，承王命率兵讨伐。郑国通过这种方式纠合了更多的国家，又形成了对宋国的舆论压力。

郑庄公本人有着强大的军事统帅能力，他对宋国的战争屡战屡胜，于是鲁、齐两国也迅速加入对宋的讨伐中，最后宋不仅丢失了大量土地，还被迫向郑庄公低头求和。事后，郑庄公还率领齐、鲁联军对不追随出兵的许、郧（今山东宁阳东北）

◀ 郑庄公水陆攻战图

小国以“抗命”的罪名予以教训。

凭借这种扯大旗的做法，郑庄公成功实现了郑国的霸权梦。

周桓王十九年（公元前701年），郑庄公第二次击溃宋、卫、蔡三国联军，彻底安定东方后，举行了一次隆重的庆祝会，并且和宋、齐、卫、鲁等国会盟。他志得意满地对左右说：“我蒙天地祖宗的庇佑，率领你们击败了这么强大的敌人，我可以算是诸侯之间的首领吧？”

这是诸侯称霸的开始。

然而，先天国小、四战之地、和周王室纠缠不清等一系列缺陷注定了郑国霸权只是昙花一现，随着周郑之间关系的恶化和雄才大略的郑庄公的去世，郑国很快衰落下去了。

知识点思考 为什么郑庄公不选择先下手为强？

对郑庄公来说，大义名分在手中，国家力量也掌握在手中，如果共叔段的罪行不彰，就去对付自己的亲弟弟，反而会显得是用国家公器为自己铲除异己，而且还要承担不悌的名声。严密控制共叔段，提高警惕，那么共叔段就算是耍阴谋诡计又能怎么样呢？从这件事来说，郑庄公的处理尽显枭雄本色。

那一天，天子中了一箭

于以采蘩，于沼于沚。于以用之，公侯之事。

于以采蘩，于涧之中。于以用之，公侯之宫。

被之僮僮，夙夜在公。被之祁祁，薄言还归。

——《诗经·召南·采蘩》

《采蘩》是哀叹天子失去权威的诗篇，它讲述的就是周郑交质的故事。上节中说道，郑庄公打着周天子的旗号为自己谋取利益，很快就引来了周王室的反扑。

日渐衰微的周王室为了防止郑庄公独揽朝政，就想分政给另一个姬姓国国君虢公，以保持政权的平衡。然而，郑庄公不买周平王的账，对周平王准备采取的这一举措怨恨不已。为了达成妥协，作为天子的周平王和作为诸侯国国君的郑庄公，居然采用了进入春秋时代以后各诸侯国间普遍采用的一种外交手段，即交换质子。

事件传出后，举世哗然，有人评述说："信用不发自心中，盟约抵押也没用。开诚布公互相谅解地行事，用礼教约束，即使没有抵押，谁能离间他们呢？假如有真诚的信用，山涧溪流中的浮萍、蕨类、水藻这样的菜，装在竹筐铁锅一类的器物里，用低洼处沟渠中的水，都可以供奉鬼神，献给王公为食，何况君子缔结两国的盟约？按礼去缔结盟约，哪里用得着人质啊？用得上人质的盟约，又怎么有信用可言呢？”顺带说一声，周郑交质是列国互相用质子换和平的开始。

周郑交质事件让周、郑两国政府都在国人士大夫之间失了分数，所以周郑两国的衰落就不可避免了。

很快，周平王五十一年（公元前720年），周平王就在满腹怨气中去世，谥号“平”——意思是不好不坏。周平王的嫡长子姬泄父（姬洩父）很早去世，故由周平王之孙、姬泄父之子姬林继位，是为周桓王。

知识链接 周天子

在周朝，周天子是唯一的王（楚王不受到其他国家承认），是所有华夏国家共同的君主，所以他被称呼为“大君”，爵位是王。但是东周结束后，“王”这个词语弱化，成为皇帝下面的称呼，为了加以区分，才尊称为周天子。事实上，如果问周代人周天子是谁，他们是不知道的。

年轻气盛的周桓王继位后，秉承爷爷的遗志，想要将朝政大权交予虢公林父（洛邑当地封国的君主，爵位为公爵），郑庄公得知后，派兵割了周王室温地（今河南温县）的麦子以及成周（今河南洛阳东）的禾稻，表示自己不服。

周桓王五年（公元前715年），周桓王任命虢公林父为右卿士，位高于郑庄公。此后，郑庄公就不去周王室处理事务了。

周桓王十三年（公元前707年），周桓王免去郑庄公左卿士职务，郑庄公于是拒绝朝觐周桓王，而且中断每年的上贡。同年秋，周桓王为维护王室尊严，亲率王师并征调陈、蔡、卫三国之军联合进攻郑国。

天子战车完成编队，从洛阳隆隆启程。卫、陈、蔡三国也从河南地区各起本国主力，到指定地点，将矛头直接对向郑庄公。相比于年轻的周天子，郑庄公更加老练，他让郑国三军倾巢而出，以攻代防，催动兵马出驻新郑以南的长葛地区，和周天子联军对峙。中原大地上中央军与地方军的对抗战箭在弦上，一触即发。

周军的作战指挥人员有：统帅周桓王指挥中军，居中；将领虢公林父（卿士）指挥右军，附属蔡、卫勤王部队；周公黑肩（卿士）指挥左军，附属陈国勤王军；兵车约四百辆。

郑国作战序列：统帅郑庄公寤生；将领祭足（正卿）统领左军；原繁（大夫）统领中军；公子元（大夫）居中军，高渠弥（大夫）居中军，祝聃（大夫）居中军；曼伯（大夫）统领右军；兵车约三百辆。

当时一辆兵车是一个战斗单位的代表，由三个重甲武士、七十二名步兵和一辆战车构成，所以长葛之战双方投入的总人数高达五万多人。

郑庄公为了规避周天子的左、中、右三军称号，将自己的三军称作“左踞、右踞、中踞”，三军依次决战，己方的左军对敌方的右军，己方的右军对敌方的左军，最后是中军对中军，鸣鼓而击之，合计较量三次。

▲ 青铜龙柄饕餮纹匜

郑庄公胜了第一场，展开第二回合接战，以左踞冲击政府军右军（附属有蔡、卫兵）。右军统帅虢公林父不负周桓王倚重，奋勇力战，稳住阵脚，将业已插入己方阵地的郑军像拔钉子一样拔了出来，郑军被逼撤退。双方重新回到对峙的状态。

随后郑庄公指挥三军全线猛烈

出击，分别由左右两翼实施向心合围，集中力量压击周桓王中军。周桓王已失去右军，只得以左军、中军沉着应战，几次化险为夷。

正在战局胶着的时候，郑国大夫祝聃从远处持箭瞄准周桓王，箭中其右肩。天子中箭，中央联军士气大跌，只好边打边退。

周桓王虽然受伤，但还能指挥军队。祝聃请求前去追赶，郑庄公说："君子不希望欺人太甚，我哪里敢欺凌天子呢？只要能挽救自己，使国家免于危亡，这就足够。"于是鸣金收兵，周桓王顺利撤走了。

当天晚上，郑庄公派人装模作样地安慰了周天子，而回营后，则奖赏了祝聃——充分把一代枭雄的行事手法发挥得淋漓尽致。

长葛之战正式公布了周王室"外干中也干"的事实，从此天子成为缩头乌龟，诸侯之间排座次、争老大的春秋时代两百年纷争开始了。

知识点思考 为什么周天子的军事行动得不到其他诸侯的支持？

当时，郑庄公用非同凡响的政治外交手段，和宋、曹等国形成了同盟，所以这几个国家表面上支持天子，暗地里却和郑庄公"眉来眼去"。而且此次作战，从礼看，周天子未经正规程序就免去了郑庄公的职位，不符合周朝秩序，得不到广泛的支持，至于齐、鲁等国，鞭长莫及，只能看着周天子和郑国单挑。

秩序失衡的缩影

出其东门，有女如云。虽则如云，匪我思存。缟衣綦巾，聊乐我员。

出其闉阇，有女如荼。虽则如荼，匪我思且。缟衣茹藘，聊可与娱。

——《诗经·郑风·出其东门》

这首诗隐晦地描写了内乱让郑国凋敝的残酷。

郑庄公作为属国国君，公开反抗天子，还伤害了周王，这让他在诸侯之中迅速失分。并且，最终硬气的周桓王也没有恢复郑庄公的爵位，郑国受到了惩罚。

▲ 祭足

郑国国君可以毫无顾忌地伤害自己的君上，那么他的臣子也可以毫无顾忌地伤害郑国国君。这个逻辑下，周桓王十九年（公元前 701 年），郑庄公去世后，继任的国君很快控制不了国内反叛的局势，郑国因此迅速衰落了。

最开始，郑庄公病重时，召权力最大的臣子祭足至床头，说："寡人有子十一人。自世子忽之外，子突、子亹、子仪，全部有能力有才干。子突的能力好像比其他三子还高出一截。寡人想要传位给子突，怎么样？”祭足曰：“子忽是嫡长子，久居储位，而且功劳大，得到国人信任。废嫡立庶，臣不敢接受这样的命令！”庄公曰：“子突并不是能安分守己做臣子的人啊。如果子忽为君，只有让子突出奔。”祭足曰：“知子莫如父，就依照您的意思做。”郑庄公哀叹说：“郑国从此多事了！”于是就派公子突前往宋国。

不久，郑庄公病死，世子忽即位，是为郑昭公。他派诸大夫前往各国通知消息，特地让祭足前往宋国，好防备公子突发起政变。

然而，郑昭公不知道郑庄公病逝当晚发生的事情。那一夜祭足突然被囚于军府，甲士周围把守，水泄不通。宋国太宰华督（当时正在郑国出使）携酒亲至军府，与祭足压惊。华督说：“现在公子突窜伏在宋，寡君（这里假借宋君的名义，所以说寡君）怜悯他！况且公子忽柔懦，不堪为君。如果您能行废立之事，宋国国君愿与您世修姻好。”祭足回答：“郑国国君的继承是先君的命令，作为一个臣子，如果废立国君，肯定会招来其他国家的讨伐。”华督笑着说：“这种事情，哪个国家没发生过，不过是看谁的力量强大而已。况且宋国做您的后盾，您怕什么呢？”半推半就，祭足很快屈服，发誓说：“如果我不迎立公子突，五雷轰顶！”

郑昭公将祭足派去宋国，他很快和公子突勾结在一起，在宋国的支持下发动政变，驱逐了郑昭公。

公子突继位，是为郑厉公。为了笼络祭足，郑厉公将所有的权力全部交给大夫祭足。

周桓王二十三年（公元前 697 年），根基已经稳定的郑厉公想要铲除权臣，于是暗中派祭足的女婿雍纠去杀祭足。雍纠准备在郊外宴请祭足，然后趁机杀死祭足。祭足的女儿、雍纠的妻子雍姬知道此事，对自己母亲说：“父亲与丈夫哪一个更亲近？”母亲说：“任何男子，都可能成为一个女人的丈夫，父亲却只有一个，怎么能够相比呢？”于是雍姬就告诉父亲祭足：“雍氏不在他家里而在郊外宴请您，我怀疑此事，所以告诉您。”祭足于是杀死雍纠，将他陈尸示众，并诛灭了雍氏一族。

郑厉公拿祭足没办法，于是只能逃离郑国，说：“大事和妇女商量，死的活该，还连累我。”随后，祭足迎回郑昭公，朝政依然由祭足把持着。

同年秋天，逃亡的郑厉公依靠栎邑人杀死栎邑大夫单伯（一作檀伯），占据并居住在栎邑。宋国增给郑厉公一些兵力，自守栎邑，郑昭公因此不敢攻打栎邑，郑国陷入了分裂的平静中。

这种平静没能持续多久。早先，郑昭公作世子时，憎恨卿士高渠弥。郑昭公继位后，高渠弥担心郑昭公会杀害自己，于周庄王二年（公元前 695 年），趁郑昭公外出打猎时将其射杀。郑昭公作为傀儡，死了就死了，很快祭足与高渠弥改立郑昭公的弟弟公子亹为君，史称郑子亹。

周庄王三年（公元前 694 年），郑子亹刚上台，前去参加由齐国国君齐襄公主持的诸侯盟会。在盟会上，因为私人恩怨，齐襄公突然发难，埋伏下带甲武士，杀死郑子亹，并以讨伐叛臣的名义，将跟随郑子亹参加盟会的高渠弥五马分尸。

已经死了两个国君了，祭足就更不在乎谁来做傀儡了，他很快到陈国迎接郑子亹的弟弟公子婴（名婴，字子仪）回国继位，史称郑子婴。

此后，郑国在祭足的把持下安定了一段时间。

周庄王十五年（公元前 682 年），祭足去世，郑国权力真空。

周釐王二年（公元前 680 年），趁着一直作为祭足傀儡的公子婴手忙脚乱地稳固政权，郑厉公从栎邑带兵入侵郑国国都。到达大陵时，郑厉公要挟被俘虏的大夫傅瑕帮助自己回国复位。傅瑕说：“如果放了我，我可以替您杀掉郑子婴，让您回国再登君位。”郑厉公和傅瑕盟誓后，便把他释放。回到国都后，傅瑕就发动政变杀死郑子婴和他的两个儿子，迎接郑厉公回国。

▲ 郑钱币

郑厉公复位后，开始在郑国大肆清洗。他的叔叔——权臣原繁面对这种局面进谏说：“国家有君主，但是这个君主不将心思放在治理国家上，一门心思搞大清洗，这就是背叛啊。本来你的位置得来的就不光彩，现在这么做，不就是故意加剧祸患吗？况且，你流亡在外的兄弟还有七个，如果他们都和你一样，勾结不得志的大臣发动叛乱，郑国估计要灾祸连年了。请停止这种清洗的行为，让郑国休息吧！”郑厉公不听，原繁就上吊自杀了。

经过四个国君走马灯一样的换位，加上齐、宋等国势力的干扰，郑国力量急剧衰落，其霸权眨眼间就成水中倒影了。

不过从原繁的话中可以看出，郑国内乱的根源是郑庄公，他毁掉了西周的秩序，但是没有建立一个新的秩序。郑国内乱，是春秋乱世开始、秩序失衡的一个缩影罢了。

知识点思考 为什么祭足不先下手为强？

在春秋时代，公子都是有自己的封地和封臣的，也就是说，他有着另一套官吏系统和支持者。对大夫祭足来说，没有明确的理由，是不可以干涉公子的行动的。也就是说，在公子突的地盘上，他说了算，就算周天子来了也不能过问。而且，从阴谋论出发的话，大夫祭足有可能是故意纵容郑国内乱，好实现自己把持大权的野心。

第二章

管仲治齐：春秋第一霸主

小白即位，管仲为相

黄鹄黄鹄，戢其翼，絷其足，不飞不鸣兮笼中伏。

高天何局兮，厚地何蹐！

丁阳九兮逢百六。引颈长呼兮，继之以哭！

黄鹄黄鹄，天生汝翼兮能飞，天生汝足兮能逐，遭此网罗兮谁与赎？

一朝破樊而出兮，吾不知其升衢而渐陆。

嗟彼弋人兮，徒旁观而踯躅！

——（春秋齐）管仲《黄鹄》

▲ 齐桓公

在中原地区的郑国内乱的同时，东海之滨的齐国也发生了内乱。

西周初年，周武王为酬谢吕尚（姜太公）辅佐建国的大功劳，封他为公，国号齐。周成王曾在三监之乱后，又特别派召康公命齐太公说："东至海，西至河，南至穆陵，北至无棣，五侯九伯，实得征之。"齐国由此得到征伐之权，成为东方大国。可以说，无论在地理范围、国土面积还是文化传承、爵位高低上，底蕴雄厚的齐国都是当之无愧的第一流诸侯国。

有着这样的天然优越条件，在郑庄公称霸中原的时候，齐国也没有闲着。齐釐公先后与郑庄公及鲁隐公结盟，结成三国同盟。随后十数年间，齐釐公不断侵吞南方的东夷小国，领土一直在扩大。

后来，齐国与盟国郑、鲁以宋殇公不向周天子朝觐为名而讨伐宋国；以郕国不听从周天子之命令为名而讨伐郕国；平定许国，迫使许庄公出走，立其弟许桓公为国君；平定宋国华督之乱。

周桓王十四年（公元前 706 年），齐釐公又在郑国公子忽帮助下打败戎狄，更是威望大增。不过齐釐公政治能力不过关，因为赠送礼物给各盟国时失了礼数，结果好心办坏事，反而和鲁、郑交恶。三国同盟解体，齐国一帆风顺的扩张结束，齐釐公的成就也就仅仅是东方渤海之滨的“小霸”。

齐釐公死后，儿子齐襄公继位。齐襄公穷兵黩武，且为人荒淫无耻，在位时连年征战。

周庄王四年（公元前 693 年），齐襄公制造借口，说纪侯口不择言，诽谤周天子，趁机进攻纪国，纪国投降。三年后，齐襄公彻底吞并纪国。之后，齐襄公又出兵卫国，杀掉卫国左右公子，帮卫惠公复位。

齐襄公在位十二年，几乎无年不征，将齐釐公时代的国家储蓄消耗一空。这种四处树敌的情况下，齐国的各位公子（襄公的兄弟叔伯）未雨绸缪，纷纷出奔。齐大夫鲍叔牙保护公子小白逃到莒国（山东莒县），管仲则协助公子纠逃奔鲁国。

管仲和鲍叔牙是好朋友。年轻时，管仲和鲍叔牙合伙做买卖。管仲家里穷，出的本钱没有鲍叔牙多，可是到分红的时候，他却要求多分。鲍叔牙手下的人都很不高兴，说管仲是个贪婪的小人。鲍叔牙却劝解说：“他哪里是贪这几个钱的人啊？他家生活困难，我自愿给他多的份额。”好几次管仲帮鲍叔牙出主意办事，反而把事情办砸了，鲍叔牙也不生气，还安慰管仲，说："谋事在人，成事在天，不是你的主意不好，你别介意。"管仲曾经做了三次官，但是每次都很快被辞退。鲍叔牙安慰管仲说："不是你没有才能，而是因为没有能真正赏识你能力的人啊！"管仲曾经参军作战，进攻的时候他躲在后面，退却的时候他却跑在最前面。手下的士兵全都瞧不起管仲，不愿再跟他去打仗。鲍叔牙却说："管仲家里有老母亲，他是个孝子，怎么会让自己陷入危险而不能侍奉母亲呢？他并不是真的怕死。"鲍叔牙替管仲辩护，极力掩盖管仲的缺点，完全是爱惜管仲的才能。管仲听到这些话非常感动，叹口气说；"生我的是父母，理解我的唯有鲍叔牙啊！""管鲍之交"也就成了最真挚友情的象征。

各位公子的担心是对的。周庄王十二年（公元前685年），齐国内乱，齐襄公被杀。君位空虚，公子纠与公子小白争相回国，抢夺齐国国君的宝座。

管仲辅佐公子纠上路后，发现公子小白已经先出发了，所以请命先行一步。他亲自率三十乘兵车到莒国通往齐国的路上去截击公子小白。人马过即墨三十余里，正遇见公子小白的大队车马。等到公子小白车马走近，管仲突然就拿起箭对准射去，只听"哨唧"一声，一箭射中，公子小白应声倒下。管仲见公子小白已死，就率领人马回去，放弃了对公子小白车队的袭击。其实公子小白没有死，管仲一箭射中他的铜制衣带勾，公子小白急中生智倒下装死。

经此变乱，公子小白与鲍叔牙更加警惕，飞速向齐国挺进。当他们来到临淄时，由鲍叔牙先进城里劝说，掌控着临淄的齐国正卿高氏和国氏都同意公子小白为国君。第二天，公子小白大张旗鼓地进城，顺利地登上君位，是为齐桓公。

齐桓公登位后，清洗了齐襄公的残余势力，处罚并驱逐了发动内乱的家族，准备让鲍叔牙出任齐相，主持齐国的政局。鲍叔牙诚恳地对齐桓公说："我是个平庸之辈，很荣幸国君施惠于我，使我有机会做到相的位置。然而，如果要把齐国治理富强，我的能力不足，还是希望君上任用管仲。"齐桓公惊讶地反问道："你不知道他是我的仇人吗？"鲍叔牙回答道："我说的是国家大事，不是君上的私人恩怨。"齐桓公又问鲍叔牙："我认为鲍卿已经算是一等一的人才了，管仲与你比较又如何呢？"鲍叔牙沉静地指出："管仲有五点比我强：宽以从政，惠以爱民；治理江山，权术安稳；取信于民，深得民心；制定礼仪，风化天下；整治军队，勇敢善战。"

齐桓公听后沉默了，当时没有答应。不久，鲍叔牙进一步谏请齐桓公释掉旧怨，化仇为友，并说："管仲射国君，是因为公子纠命令他干的，他是个尽职尽忠的人。如果赦免其罪而委以重任，他一定会像忠于公子纠一样为君上效忠的。"鲍叔牙还说："如果您能宽恕射伤自己的管仲，那么谁还会担心您会进行政治报复呢？齐国也能马上安定下来了吧，大家都会称赞君上的胸襟。"这个理由瞬间打动了齐桓公，于是他决定任用管仲为相。

鲁国当时支持公子纠，打算趁着齐桓公立足未稳，采取武装干涉的方式送公子纠为齐国国君，没想到，齐鲁一场大战，鲁国军队被鲍叔牙打得大败。

鲁庄公新败，闻齐国大兵压境，早吓得心颤胆寒。在齐国压力下，杀死公子纠，并将管仲和召忽擒住，准备将二人送还齐桓公发落，以期退兵。召忽为了表达对公子纠的忠诚而自杀，死之前对管仲说："我死了，公子纠可说是有以死事之的忠臣了；你活着建功立业，使齐国称霸诸侯，公子纠可说是有生臣了。死者完成德行，生者完成功名。我们两人各自承担职责，不能让世人忘记公子纠，你一定要努力啊。"

怀着扬名天下的抱负和同僚的重托，管仲忐忑不安地被押送到了齐国，鲍叔牙正在齐国边境堂阜迎接他。老友相逢，格外亲切。寒暄过后，鲍叔牙就说自己向齐桓公推荐了他。经过激烈的思想斗争，管仲最终答应了鲍叔牙的请求。周庄王十三年（公元前 684 年），齐桓公以隆重的礼节迎接了囚徒管仲，并当即任命他为相，开始齐国一系列的政治军事改革。

挥舞着的经济大棒

近闻管夷吾，御敌富长策。
能持一钧金，力转万钧石。
子行匆俟驾，当宁方侧席。
时危急良筹，如救火下积。
致身傥有地，肤发讵足惜。
——（宋）李弥逊《送王三十六机宜召赴行在》

齐桓公任用管仲为相的事情很快流传天下，所有人都赞扬齐桓公的大度、管仲的才能。但是当事人齐桓公还是有疑虑的，所以他找到管仲，提出了一个“高大上”的面试问题：你认为国家可以安定下来吗？

管仲通过短时间的接触，深知齐桓公的政治抱负，于是趁机挑明道：“如果您决心称霸诸侯，国家就可以安定富强。如果您要安于现状，国家就不能安定富强。”齐桓公听后说：“我还不敢说这样的大话，等将来见机行事吧！”

不久，齐国逐渐安定下来，齐桓公再次对管仲提出这个问题。管仲对齐桓公表示：“君王免臣死罪，这是我的万幸。臣能苟且偷生到今天，不为公子纠而死，就是为了富国家、强社稷；如果不是这样，那臣就是贪生怕死，一心为升官发财了。”管仲的意思是如果不让齐国改革变法，那么自己苟且偷生成为齐国的相就没有意义。齐桓公被管仲的肺腑之言所感动，便极力挽留，并表示以霸业为己任，希望君臣同心。

君臣二人确定了改革的决心，不久两人就开始商量如何改革了。

齐桓公问管仲：“我想使国家富强、社稷安定，要从什么地方做起呢？”管仲回答说：“必须先得民心。”“怎样才能得民心呢？”齐桓公接着问。

管仲回答——这次回答是中国人第一次系统地对治理国家的完整表述——他的计划是四步走：

第一步，足信。“要得民心，应当先从爱惜百姓做起；国君能够爱惜百姓，百姓就自然愿意为国家出力。”

第二步，足财。“爱惜百姓就得先使百姓富足，百姓富足而后国家得到治理，那是不言而喻的道理。”

第三步，精兵。“兵在精不在多，兵的战斗力要强，士气必须旺盛。士气旺盛，这样的军队还怕训练不好吗？”

第四步，强国。“要开发山林、盐业、铁业，发展渔业，以此增加财源。发展商业，取天下物产，互相交易，从中收税。这样财力自然就增多了。”

经过这番讨论，齐桓公十分兴奋，就问管仲：“这样就可以争霸天下了吧？”管仲严肃地回答说：“还不行。争霸天下是件大事，切不可轻举妄动。当前迫切的任务是让百姓休养生息，让国家富强，社会安定，不然很难实现称霸目的。”

管仲系统地论述了治国称霸之道，使齐桓公的全部问题迎刃而解。

周庄王十四年（公元前683年）春，齐桓公让管仲主持政事，为表示对管仲的尊崇，称管仲为“仲父”。管仲也不负所托，他一步步实行着自己国家系统改革的步伐，其中最核心的部分就是利用经济大棒削弱别国实力，增强齐国的综合国力。

管仲擅长用迂回的宏观调控方法来调整国内经济发展，对外则发动经济

战。当时齐国最主要的竞争对手是鲁国。鲁国国土面积略大，国力和齐国差不多，而且从西周时代开始，纺织技术发达，织出的缟又薄又细，天下闻名。管仲就让齐王穿鲁缟做的衣服，鼓励齐国人都穿鲁缟，同时鼓励商人大量进口鲁缟。这样鲁国人看织缟有利可图，就让田地种桑养蚕，大量的农人从事鲁缟的生产，粮食产量就不足了。管仲看着时机成熟，让齐桓公一声令下，“禁止齐人穿鲁缟”。这样一来，鲁国经济大坏，粮价大涨，鲁国迫于经济崩溃的压力，被迫用织造工人向齐国换取粮食。此后，齐国就获得大量的技术人员，成为“衣被天下”的中心。

对鲁国如此，对楚国也是这样。管仲让齐王养鹿，从楚国大量高价收购楚鹿，同时低价在楚国倾销粮食。在齐国的价格哄抬下，鹿价飙升，捉一只鹿相当于种几亩地的收入，于是楚国农民弃田捉鹿。看着时机成熟，管仲忽然禁止粮食出口，同时禁止养鹿，已有的鹿大量出口低价转卖。这样一来，鹿价大跌无人再要，粮价却飙升。楚国百姓无钱买粮，纷纷逃亡，而齐国则趁机吸纳人口。

从南方的楚国获利后，对北方的代国，管仲采用相同的手法来对付。

代国是戎狄的一支，位于现在的河北省中部，国土强大且全民皆兵。如果和齐国发生正面对抗，必然是齐国失败。当时代国出产狐皮，管仲劝桓公令人到代国去高价收购之，造成代人放弃农业生产，成天在山林之中捉狐狸，但狐却少得可怜，“二十四月而不得一”。结果是狐皮没有弄到，农业生产也耽误了，粮食不足。此时更北方的离枝国乘虚侵扰代国。无奈之下，代国被迫向齐国投降，齐国一兵未动而征服代国。

可以说，在管仲神鬼莫测的经济内政手段中，齐国迅速地和其他国家拉开距离，国力飙升，成为当时东方诸国的霸主。

曹刿的理论性胜利

圣王创立制，先务正经界。
群侯肆兼并，井田随破坏。
经界紊其坊，曷所辨中外。
三王化邈矣，五霸迭相代。
仲父作内政，兵与农胥赖。
列辟已无周，重俾宗且戴。
伟哉九合功，愿执鞭相待。

——（宋）赵友直《拟古二首·其一》

如上文所述，在齐桓公称霸过程中，最大的对手就是鲁国。鲁国是东方大国，其实力和齐国不相上下，差不多和齐桓公同时的鲁庄公也是一位英明有为的君主。

周庄王十三年（公元前684年），为了报复鲁国在自己登位过程中的军事干涉行为，齐桓公打算攻打鲁国。管仲就劝阻说："我们制定的国策刚刚开始实行，我们的计划才起步，老百姓还没有在您的任上得到好处，如果贸然兴兵，肯定得不到百姓的支持。而且鲁国是一个千乘之国（即有七八万战士的国家），攻打这么一个国家，不可以贸然行动。"

可是齐桓公迫于国内其他贵族想要报复的压力，不顾管仲的反对，派高傒、鲍叔牙、公子雍率大军伐鲁。此前，齐、鲁几次交战，鲁国都被打败。闻听齐大军压境，鲁庄公和群臣大惊失色，不知所措。这时，一直隐居梁甫山的曹刿（鲁国血缘比较疏远的公族子弟）求见庄公，主动提出为抵抗齐军出谋划策。

曹刿当时并没有官位在身，只是有知兵的名声。所以鲁庄公面试曹刿说："齐强鲁弱，我们能打胜吗？"曹刿反问："国君感到自己为百姓办了哪些好事，能使百姓和您同心同德去战胜敌人吗？"庄公说："寡人虽尽责不够，不过还是时时想到百姓。吃穿不敢独享，常常分给身边的大臣。"曹刿说："这很好，但只靠施这些小恩小惠，百姓还不会真心实意跟国君去作战的。"庄公说："祭祀用的猪牛羊、玉器丝织品等，我从来不敢虚报夸大数目，一定对神说实话。"曹刿说："这种小事，神灵是不在乎的。"庄公又说："寡人还能时刻想到百姓疾苦，凡重要诉讼案件，不因自己所爱而滥赏，不因自己所恶而加刑，一定按实情做出处理。"曹刿高兴地说："好！这才是重点，国君能得到国人的信任，团结一致的鲁国才可以对抗齐国。"

问完战略，庄公进一步问："我们用什么战术才能战胜齐国呢？"曹刿说："打仗要根据战场的千变万化随机处置，绝不能事先凭空决定采用什么固定的战法。我愿和君上一同率军前去作战，为君上随时出谋划策。"于是，鲁庄公任命曹刿为参谋，一起带领大军迎敌（这是春秋时代国君任命专业人士为军事参谋的开始）。

齐、鲁两军在长勺（今山东莱芜东北）摆开了阵势。

齐国由于之前战争的胜利，主将鲍叔牙以下都轻视鲁军，认为其不堪一击，于是发起声势汹涌的攻击。鲁庄公见齐军攻击鲁军阵地，就要擂鼓下达应战的命令。曹刿劝阻说："齐兵势锐，我军出击正合敌人心愿，胜利没有把握，不能出击。"鲁庄公于是命令鲁军固守阵地，稳住阵势。

齐军两次进攻，鲁军都没有应战，鲍叔牙和齐军将领都认为鲁军怯于应战，决定再次发动进攻。于是齐军展开声势浩大的第三次进攻，再次出现于鲁军面前。事实上，经过两次冲锋和撤退，齐国士卒已经疲惫，而且士气懈怠，认为鲁国不敢出击。

曹刿敏锐地发现了齐国士气的变化，立即向庄公提出反击齐军的建议。鲁庄公亲自擂起战鼓，发出攻击命令。鲁军将士闻令，士气高昂，奋勇出击，争先恐后，锐不可当，把齐军打得七零八落，溃不成军。

战斗中，鲁军获得了决定性的胜利，鲁庄公传令追击。曹刿认为齐是大国，兵多且强，不容易判定是否真正失败，很可能另有埋伏。于是他登轼而望，见齐军旗鼓杂乱，士卒丢盔弃甲，又下车观察到齐军战车的车辙十分混乱，认定齐军是真正溃败，才向庄公提出大胆追击的建议。庄公令下，鲁军猛打猛追，给齐军以沉重打击，国势为之一振。

鲁国获得了大胜利，鲁庄公就拜曹刿为大夫，并把女儿曹姬嫁给曹刿，而曹刿也骄傲自得起来，不久这位著名的军事家就因为参与鲁国权贵之间的内斗而牵连被杀。事实上，齐国战败并没有伤筋动骨，鲁国获胜后君臣躺在功劳簿上睡觉的行为给了齐国更多的机会。

知识链接 衅鼓

鼓的声音低沉，而且传得比较远，敲打起来则节奏明快、有力。从远古时代开始，鼓就成为战争指挥的重要乐器，鼓点就是士兵行动的信号。因此，春秋时代，鼓制成后，一定要杀牛、羊、猪等，把它们的血涂在新器物上表示祭，称作衅。而在战争时候，则会杀掉俘虏、奴隶或者囚犯，让他们的血流在鼓上，用来鼓舞士气，祈求胜利。

齐国的第一次“联合国”大会

夷吾相桓公，岂复偶际会。
观其平生心，身已有所委。
天方困生民，吊伐实在己。
求居寓所欲，纠与白等耳。
堂堂东海邦，内政谨疆理。
南荆北达燕，玉币走千里。

——（宋）张耒《读管子》

齐桓公上台后，一直苦练内功，任用管仲富国强兵。而上节所述，第一次对外用兵，攻打鲁国就获得失败，实在是当头一棒。不过，齐桓公没有放弃争霸雄心，越挫越强，重新发起对鲁国的小规模战争，并一直获得胜利。同时，他时刻警惕着国际局势变化，寻求齐国崛起的机会。不久，齐国的机会来了，那就是宋国内乱。

南宫长万是春秋时期宋国的将领。他在对外作战中被敌人俘虏，但是很快根据贵族法则被赎回来了。而这种事情根据当时的礼仪并不是丢脸的事情，因为这些作战在当时人看来都是周王室内部、属国之间的战斗，南宫长万依然作为宋国的大将活跃着。

周庄王十四年（公元前 683 年）秋，宋闵公与南宫长万一起打猎，因争夺猎物，宋闵公大为生气，于是辱骂南宫长万说："原来我尊敬你，如今你成为鲁国的俘虏，所以我便不再敬重你。"南宫长万因此怨恨宋闵公。宋闵公知道他的怨恨，但是依然轻视他，认为这是个没有威胁的人，依然让他留在自己身边。

不久，南宫长万突然发动政变，杀死了宋闵公。然而，这种无头脑、无支持者的政变很快失败，南宫长万顶不住其他势力的反扑，被迫逃亡到陈国。宋国人到陈国请求归还南宫长万，并且施以贿赂。陈国人让美女劝南宫长万喝酒，将他灌醉后用犀牛皮包裹起来送回宋国。遣送回国后，宋国人把南宫长万剁成肉酱。

宋国内乱，鲁国战败，两国力量削弱后，齐国一枝独秀，成了东方各个诸侯国事实上的第一。

谭国（今山东济南东）是齐国西邻的小国。齐桓公出奔时曾经过这里，当时谭国君对齐桓公很不礼貌。齐桓公继位，谭国也没派遣使臣祝贺。按照春秋的礼法，像谭国这样失礼，遭到谴责是自然的。齐桓公对此极为不满，因此管仲建议出兵问罪。谭国本来就很小，只相当于齐国的二十分之一，力量十分微弱，且三面和齐国接壤，怎能经受齐国大军的进攻？结果很快就被齐国消灭。齐国没费力气消灭了谭国，扩大了国土。

周釐王元年（公元前 681 年），在管仲的建议下，齐国与宋、陈、蔡、邾等国在齐的北杏（今山东聊城东）会盟，商讨如何平定宋国的局势。遂国（今山东肥城南）也被邀请，但没有参加。管仲为了提高齐国的威望，就出兵把遂国消灭了。鲁国本来还打算继续和齐国对抗，但因接连被齐国打败，又看到诸侯国都服从齐国，不服从齐国的谭、遂两国被消灭，所以恐惧之下也屈服了齐国。

这次北杏会盟让东方各诸侯国看到了齐国"残暴"的威慑力，所以都迅速

屈服了，很快形成了以齐国为首的“联合国集团”。

第二年，郑国发生内乱。“联合国军”迅速出兵，安定了郑国，扶持郑厉公登位。管仲抓住这个机会，建议齐桓公联合宋、卫、郑三国，又邀请周王室参加，于周釐王二年（公元前680年）在鄄（今山东鄄城）会盟。第二年，齐桓公又以自己的名义召集宋、陈、卫、郑在鄄会盟。这次会盟开得很成功，取得圆满成果，从此齐桓公成为公认的霸主。

周惠王十年（公元前667年）冬，齐桓公见郑国已屈服于齐国，就召集鲁、宋、陈、卫、郑、许、滑、滕等国君，又在宋国的幽会盟，周惠王也派召伯参加。这是一次空前盛会，几乎全部中原国家都参加了这次会盟。在这次盟会上，周天子的代表召伯以天子的名义，向齐桓公授予“侯伯”的头衔。至此，齐桓公便成了名副其实的霸主。

会盟本来是天子的权力，也就是各诸侯国朝贡的会议，而北杏会盟开创了齐桓公窃取天子权力的新一页，齐国确定了各国必须统一行动，听从盟主安排，并需要每年上贡给齐国的决定，等于说，通过会盟方式，齐国控制了周边各个小国，还能每年获得定期的国外财政收入。

获得权力的同时，齐国也需要承担安定会盟国政治局面的义务。

知识链接 会盟台

台是春秋时代的典型建筑。工匠们在平地上堆土为山，然后将山削建成为一级级的梯形，并在每一级上修建建筑，满足各种居住功能。会盟台就是这种典型的建筑。盟主先在地上挖坑，将盟约埋在坑里，然后填平，修筑高台，在最上面一层竖立一个华表。这个修建过程至少需要一年。

在尊王攘夷的旗帜下行动

棠潜俄正鲁封圻，施伯安翔稛载归。

屍授夷吾宁复此，君臣应愧始谋非。

——（宋）陈造《管仲二首·其二》

古代人认为，齐国的称霸行动顺利，是因为中心思想“伟光正”。

齐国称霸的指导思想就是尊王攘夷。解释一下，就是高举周王室伟大的旗帜，团结起来抵御戎狄，努力扩大和维护中原文明的核心统治地位。当然，在这个过程中，要坚持两个原则：一是所有的内政外交活动，都以齐国利益为标准；二是尊王和攘夷相结合，要让齐国成为领导周王室的实际舵手。

甄城会盟，齐桓公成为侯伯，可以说尊王的策略见效了一半，齐国和周王室形成了良好的合作伙伴关系，其他小国也愿意接受比周王室英明的齐国领导，好抵御戎狄蛮夷的入侵。

燕国是西周分封的诸侯国，地处现在的河北北部。燕国自建国以后与中原各地来往甚少，文化较中原落后，甚至逐渐连习俗都变得和戎狄一样，其在春秋初年的外族入侵中更是险些亡国。公元前七世纪时，山戎先后南下攻伐郑、燕、齐等国，燕桓侯时被迫迁都临易以躲避山戎的侵扰。燕庄公不敌，被迫向齐国求援。齐国刚确立自己的霸主地位，燕国的告急给了齐国率领联军攻击北方戎狄的借口。

管仲对齐桓公分析说："现在为患一方的，南有楚国，北有山戎，西有狄，都是中原诸国的祸患。国君要想征伐楚国，必须先进攻山戎，北方安定，才能专心去征伐南方。如今燕国向我们求救，正好可以攻击北方的戎狄，我们可以获得土地，燕国人会提供粮草，其他国家会联合出兵，周天子会给我们名义，没有比这更好的时机了。"齐桓公深以为然。

周惠王十三年（公元前 664 年），齐国大举兴兵救燕。

北方戎狄当时还处于原始社会末期，军事力量根本不是联军的对手。最后，双方发生了大规模厮杀，戎狄最大的一支——孤竹国被灭，国君死于乱军之中，领土被齐国占领。随后，齐国考虑这些领土远离齐国的政治中心，所以将它转赠给燕庄公。诸侯莫不畏齐之威、感齐之德，特别是燕国，一下子成了齐国的"铁杆马仔"。

稳定北方后，齐国又先后和宋、卫、曹国之内的戎狄发生战争，并获得了胜利。这些战斗让齐国军队得到了锻炼，获得了大量的奴隶和财富，扩大了齐国的政治影响，也稳定了以齐国为首的北方联盟。到公元前七世纪中期，齐国的实力已经足够和楚国抗衡了。

楚是南方大国，僭越称王，其代表的长江流域文明一直是黄河流域文明的竞争对手。在齐国扩张的同时，楚国也不停地向北方拓展势力，并不断地蚕食已经衰落的郑国和东夷小国。

周惠王二十年（公元前 657 年），楚国再次出兵郑国。齐桓公与管仲约诸侯共同救郑抗楚。由于楚国不断攻郑，齐桓公和管仲约鲁、宋、陈、卫、郑、许、曹等八国组成联军南下，打算一举消灭蔡国（位于楚国东北方的二流国家，一直是楚国的铁杆追随国），兵锋直指楚国。

楚国在大军压境的形势下，派使臣屈完出来谈判。齐桓公、管仲知道齐国的兵锋最远也就能抵达淮河以北，根本无力让楚国伤筋动骨，所以也无意打仗，只是想通过这次军事行动来显示霸主的威风，吓唬楚国罢了。所以他们很快就同意与屈完谈判，并达成协议，将军队撤到召陵（今河南郾城东）。

为了炫耀军事力量，齐国举行华夏联军大阅兵，并邀请屈完来到军中与他同车观看军队。齐桓公指着军队对屈完说：“指挥这样的军队去打仗，什么样的敌人能抵抗得了？指挥这样的军队去夹攻城寨，有什么样的城寨攻克不下呢？”屈完很沉静地回答：“国君，你若用德来安抚天下诸侯，谁敢不服从呢？如果只凭武力，那么我们楚国可以把方城山当城，把汉水当池，城这么高，池这么深，你的兵再多，恐怕也无济于事。”回答得委婉有力，很明确地告诉齐桓公，楚国太远、太大、太险，不是齐国能征服的，如果齐桓公仁德，那么楚国会服从。

双方很快达成协议。

周惠王二十二年（公元前655年），齐国与楚国结盟，结束南北军事对峙，而楚国则答应面对周王，自称为“君”而不是王，并象征性地进献楚国特产，表示对周王天下共主和齐桓公霸主地位的承认。

不同选择的晋国内乱

坎坎伐檀兮，寘之河之干兮，河水清且涟猗。不稼不穑，胡取禾三百廛兮？不狩不猎，胡瞻尔庭有县貆兮？彼君子兮，不素餐兮！

——《诗经·魏风·伐檀》

春秋初年，山东地区的齐国大步伐前进的同时，在山西地区，晋国也在稳步崛起。

晋国是西周初年的分封国，最开始分封于现在的山西南部，是一个二流的诸侯国。西周中期，“昭侯封文侯弟成师于曲沃，是为曲沃桓叔”“曲沃邑大于翼”。翼，是晋国封君的都城，可是昭侯的叔叔封到曲沃——一个比国都还要大的城，这明显违背了周礼。当时就有人预言，成师的后代将取代仇的后代。不久，晋国内乱，昭侯被杀，曲沃桓叔进入翼城。不过这一次，“晋人发兵攻桓叔”，桓叔并没有得逞。晋人立昭侯子孝侯平，诛潘父。曲沃代翼第一战以曲沃的失败告终，尽管这个事实说明了曲沃还没有完全获得国人的心，但是表明在一定程度上，曲沃威胁到了国君的地位。

到春秋早期，曲沃代晋最终成为定局。周釐王四年（公元前678年），曲沃武公在三代人的努力下，最终打败翼，篡夺了晋国国君之位，是为晋武公。可以说，从根源上来讲，晋国就有内乱的“传统”。

周釐王五年（公元前 677 年），晋献公登台。他是个有所作为的君主，对内进行政治改革。他任人唯贤，起用士蒍、荀息、里克、郤芮、郭偃等一批异姓人才为卿大夫，诛杀“桓庄之族”，彻底地解决了“公子作乱”的问题，废除了公族大夫制度。然而过犹不及，晋国公族被削弱，也就意味着士大夫的力量失去制衡。直到春秋末年，晋国最终被士大夫所瓜分，其根源就深埋于此。

▲ 晋献公

知识链接 公子

公子两个字在春秋时代，指的是国君的儿子，公子拥有对国君位置的继承权。正常情况下，公子的儿子被称为公孙，失去对国君位置的继承权。而再繁衍下去，公孙的后代则只能称为孙。孙就是一般贵族了。拥有对周王继承权的人被称为王子，其子孙后代被尊称为王孙、孙。

对外，晋献公挟着曲沃代翼的余风，率领充满新生活力的晋国大肆扩张。领土面积上，晋国是一流诸侯国，“西有河西，与秦接境，北边翟，东至河内”。齐桓公称霸的时候，晋国事实上也有了称霸的实力，不过因为地方相对偏远，所以并没有那么多小国追随，再加上晋国内部文明不盛，实行的是严密的军事统治，晋国更乐意灭亡周边的势力，而不是称霸。

周惠王五年（公元前 672 年），晋献公攻打骊戎，得到了骊姬和她妹妹，对她们姐妹二人十分宠爱，埋下了晋国内乱的导火线。

周惠王十二年（公元前 665 年），骊姬为晋献公生下儿子奚齐。晋献公有

▲ 晋国酒器

意废长立幼，就对太子申生说："曲沃是我先祖宗庙所在的地方，而蒲邑靠近秦国，屈邑靠近翟国，如果不派儿子们镇守那里，我放心不下。"于是派太子申生住在曲沃，公子重耳住在蒲邑，公子夷吾住在屈邑。晋献公与骊姬的儿子奚齐住在绛都。

明眼的晋国人据此推知太子申生将不会继位。太子申生的母亲是齐桓公之女（齐姜），很早就去世了，其同母妹妹是秦穆公的夫人。重耳的母亲，是翟国狐氏的女儿。夷吾的母亲，是重耳母亲的妹妹。这些公子都远离权力中心，而且在后宫中没有强力支援。

周惠王十六年（公元前 661 年），晋献公扩充军队为二军。晋献公统率上军，太子申生统率下军，相继灭了霍国、魏国和耿国，凯旋后，给太子申生在曲沃筑城，把耿地赐给赵夙，把魏地赐给毕万，并封他们为大夫。士蒍（晋国六卿中范、中行氏的祖先）说："太子您不能立为国君了。分给您先君的都城，封给您卿的爵位，预先把您设定为一个地位崇高的臣子了！不如逃走，免得大祸临头，这样还能获得一个谦让的名声，兴许未来还有机会。"但是对晋献公抱有

▲ 曲沃

幻想的太子申生没有听从。

当时，晋献公私下对骊姬说：“我想废了太子，让奚齐做太子。”骊姬哭着说：“太子的位置已经明确，诸侯都已知道，而且他数次领兵，百姓都拥护他，怎么能因我这贱人的原因而废掉嫡子去立庶子？您一定要那样，我就去自杀。”这种表态让晋献公感觉骊姬的“贤德”，更坚定了废长立幼的决心。然而骊姬是表面佯装称誉太子，暗地里却叫人诽谤太子。

周惠王二十一年（公元前 656 年），骊姬对太子申生传话说：“晋献公梦见了自己的发妻齐姜，太子你应该速去曲沃祭祀一番，回来后把祭祀用的胙肉献给晋献公。”太子申生于是到曲沃祭祀他母亲齐姜，并将胙肉献给晋献公。恰好当时晋献公外出打猎去了，胙肉就留在了宫中。骊姬暗中派人在胙肉中放了毒药。等到晋献公回来，骊姬就污蔑是太子申生下毒。

太子申生听说这消息，连夜逃奔到自己的封地。后来，这吓坏了其他公子，特别是和申生要好的公子夷吾和重耳，他们两个很快就逃到自己的封地，然后又迅速出奔到国外。

晋献公二十二年（公元前 655 年），晋献公准备讨伐两个儿子，并在成功后趁机对其他国家炫耀武力。此时，表面上晋国空前强大，然而因为这次各位公子的内乱和出奔，晋国埋下了更大灾祸的种子。

假虞灭虢事件始末

昔我往矣，黍稷方华。今我来思，雨雪载涂。

王事多难，不遑启居。岂不怀归？畏此简书。

喓喓草虫，趯趯阜螽。未见君子，忧心忡忡。

既见君子，我心则降。赫赫南仲，薄伐西戎。

春日迟迟，卉木萋萋。仓庚喈喈，采蘩祁祁。

执讯获丑，薄言还归。赫赫南仲，猃狁于夷。

——《诗经·小雅·鹿鸣之什·出车》

内乱并不能掩盖晋国当时的狂飙突进，可以说从晋献公进行改革开始，晋国就一直处于对外扩张的进程中。

晋国对南扩张的路上，有两个障碍——虞和虢，两者都是周的封国。此时的虢国比较强大，它的疆域北至黄河以北的下阳城（今山西平陆南部），西达今陕县、卢氏，南达今嵩北部，东至今渑池县境，其都城为上阳城（今河南三门峡市）。而毗邻晋国的虞国比较弱小，但地势险要，是晋国通往虢国的必经之路。虢、虞两国相互依存，结成联盟，抵抗晋国的蚕食。

周惠王九年（公元前668年），虢国进攻晋国。周惠王十九年（公元前658年）大夫荀息（晋国六卿中知氏的祖先）建议假道虞国讨伐虢国，他对晋献公说："虞国国君是个目光短浅、贪图小利的人，只要我们送他价值连城的美玉和宝马，他就会转而与我们结盟的。"晋献公有点儿舍不得自己的珍藏品，支支吾吾不肯做决定。荀息看出了晋献公的心思，就说："虞、虢两国是唇齿相依的近邻，虢国灭了，虞国也不能独存，您的美玉、宝马不过是暂时存放在虞公那里罢了。"经过劝说，晋献公采纳了荀息的计策。

晋献公对虞公说："早先我的先君庄伯、武公平定晋国内乱时，虢国常常帮助他们讨伐我们，又收留晋国逃亡公子，如果不加诛灭，将给后代子孙留下隐患。"虞国虽然同意借路，但是只允许小规模部队过境。于是晋国就派出精兵讨伐虢国，攻下下阳后凯旋。

周惠王二十二年（公元前655年），晋献公再次向虞国请求借路讨伐虢国。

虞国大夫宫之奇向虞君进谏说："不能借路给他，否则虞国就会灭亡。"虞君说："晋国与我是同姓，应该不会攻打我们。"宫之奇反唇相讥："现在这个时代连同族都开始相残了，何况还是有着篡位传统的晋国呢？"他用曲沃代翼事件打比方，说："再说虞国与晋国的亲近能胜过晋君与桓叔、庄伯的亲近吗？桓叔、庄伯的家族有什么罪，晋君竟全部诛灭了他们。虞国与虢国，是嘴唇与牙齿的关系，嘴唇没有了，牙齿就寒冷。"可是虞公得到了晋国的大笔贿赂，不听劝告，就答应了晋国。

当时，虢国与犬戎正大战于桑田（今灵宝境内），听说晋军入侵，边境要塞下阳再次失守，急忙回师相救。犬戎大军追袭于后，虢军大败。虢国君幸免于难，回到都城守御，但是已经失去和晋国军战斗的兵力了。

晋军围上阳五个月，城中粮柴俱绝，士卒疲惫，百姓日夜号哭，城池岌岌可危。虢国君说："我的祖上曾经是周天子的卿士，怎能对一个诸侯卑躬屈膝？"于是，虢国君乘夜开城，带公族突围，率家眷奔往京师洛邑。晋军随即攻入上阳，灭亡虢国。

晋军回师时，袭击虞国，俘获了虞君，迁走了虞国的宗庙，让手下的士大夫继承了虞国的祭祀。荀息牵来以前送给虞君的马呈给晋献公，晋献公感叹着说:“马还是我的马，可惜老了。”——晋献公其实也是在感慨自己不再年轻。

假虞灭虢之后，晋国的领土南接黄河，和周王室的直接属地接壤，可以说真正踏入中原腹心地区，具备了争霸的条件。

不过还没有等到晋献公开始争霸，他的时间就过去了。

周襄王元年（公元前651年），晋献公病情加重，就对荀息说：“我把奚齐作为继承人，他年龄小，大臣们不服，恐怕会有祸乱，您能保护他，让他成为一个真正的国君吗？”荀息说“能”。晋献公就问用什么做凭证。荀息竖起手掌发誓说:“他日我们在九泉之下相见，我不会觉得愧对您，这就是我的誓言。”

同年九月，晋献公去世。荀息担任国相，主持国政。

相国荀息按照献公的遗命，奉奚齐为晋侯，骊姬为国母。奚齐登位后，悄无声息地对军事大权进行调整。

十月，晋献公的葬礼还没有结束，重臣、太子申生的老师里克就在守丧的地方杀死了奚齐。更加可悲的是，所有的晋国大臣都对此作壁上观。荀息心中悲愤，准备以死来面对自己的誓言，有人说不如立奚齐的弟弟悼子并辅佐他，那样也可以面对晋献公了。于是，荀息坚持立场，立悼子为君。

十一月，里克再次发动政变，这次是在朝堂聚会上杀死了新君悼子。万般无奈，荀息在悲愤中自杀。

葵丘会盟，桓公登顶

齐桓之功，为霸之首。
九合诸侯，一匡天下。
一匡天下，不以兵车。
正而不谲，其德传称。
孔子所叹，并称夷吾，民受其恩。
赐与庙胙，命无下拜。
小白不敢尔，天威在颜咫尺。

——（东汉）曹操《短歌行二首·其二》

就在晋献公去世、晋国内乱的同时，春秋第一霸主齐桓公的事业如日中天，齐国的一切看起来繁花似锦。

周襄王元年（公元前 651 年），齐国繁荣昌盛，“尊王攘夷”的策略得到了成功，可是现在面临一次危机。

早先的时候，周惠王想废掉太子郑，立自己爱妃生的儿子王子带为太子。齐桓公为了保全太子的地位，以诸侯要拜见太子为借口，在周惠王二十二年（公元前 655 年），联合八国诸侯在首止开大会，太子郑在首止和诸侯见了面，一起住了几个月。

周惠王觉得太子郑不听使唤，但又无力和齐桓公抗争，就偷偷派人去劝告郑国不要参加结盟。郑国听了周王的话，离开了首止，剩下的七个诸侯共同缔结了共辅太子的盟约。后来，齐国又去攻打郑国，郑国也参加了盟约。不久，周惠王死了，太子郑即位为周襄王。

新上台的周襄王为感谢齐桓公对他的支持，特地派周公宰孔参加大会，并将周天子祭祀祖先的祭肉分赐给齐桓公，还声明齐桓公不用行谢恩的下拜礼，以示对齐桓公霸主地位的承认。这次会盟史称“葵丘之盟”，它使齐桓公的声望达到最高峰。

然而，表面上巨大的成功，背后却蕴藏着极大的危机——所有人都意识到英雄迟暮，其他大国迫不及待地等待齐桓公死去。

葵丘与会者共八国，记载“叛者九国”并不是说有九国叛乱，而是指叛乱多到顶点。

那么，这些诸侯国为什么要叛乱呢?

夏季葵丘盟会上，齐桓公为了表明自己的尊王立场，不顾年迈亲自下拜，同时他又制定了更加蛮横无理的盟约。对诸侯来说，没有了周王的约束，日子自在逍遥，根本不希望在脑袋上顶着一个“霸主”的管理者，而齐桓公的盟约就是给诸侯国套上枷锁。

葵丘会盟的夏季峰会上，齐桓公与到场的诸侯签订了专门的书面协议，协议内容有如下五条。

第一条：凡不孝的儿子，要把他杀掉！凡已经定立的太子，再不得擅自更换。

第二条：要尊重贤人，培养人才。对于有德行的人，一定要给予表彰。

第三条：尊敬老年人，慈爱幼年人。不要忽视外国的来宾，有住在境内的，尽量给予照顾。

第四条：士一级的干部，不得世袭职位，官员们上班，不许在外面另做兼职。大夫一级的干部犯了罪，国君没有权力擅自杀他。

第五条：不许乱筑堤坝，损人利己；邻国有饥荒，不许限制粮食出口；有封赏的大事，一定要互相通报，不得私自进行、暗箱操作。

那么，齐桓公为什么要与天下诸侯订立这样的条约呢？原因就是这个盟约对齐国最为有利。

齐桓公最初是打着“尊王攘夷”的旗号起家的，但是现在，齐桓公大功告成的时候，居然没有一条是“攘夷”的。有哪一条是在“尊王”呢？第一条勉强可以算得上，从侧面警告周襄王的敌人。仅此而已。紧接着第二条，谁最尊重贤人？当然就是他了，在那个任人唯亲的年代，是他齐桓公率先打破常规，任人唯贤！谁的德行最高？当然还是他，所以这样的人，应该表彰。第三条，敬老。谁年纪最大？他最大，绝大多数诸侯都是后辈晚生。所以都应该尊敬他。流亡在外的人，会感激他；各国的大夫也要感激他，因为国君已无权擅杀了。

如果说在盟约上，齐桓公的心思还笼罩着一层温情面纱的话，之后的行为则更加赤裸坚决了。

盟会结束后，齐桓公突然对周天子的使者宰孔说：“寡人听说夏、商、周三代都有封禅之事，寡人欲趁此盛会，封泰山，禅梁父，如何？”

宰孔听了，脸色大变！

这封泰山就是祭天，禅梁父就是祭地。把自己的功绩报知于天地鬼神，只有天子且有巨大功绩的天子才有这种资格。因为天子的权力是上天给予的，才可以沟通天地。而诸侯的权力则是祖上世袭下来的，所以诸侯只能祭祀祖先。

现在，齐桓公要祭天，就等于是在宣布要取代大周朝了！

之后，宰孔赶紧找到管仲说：“封禅之事，哪里是诸侯该说的话！仲父，你就不能说一句话谏止他吗？”当晚，管仲极力劝阻齐桓公封禅的行为，他对

齐桓公分析说，这是有名无实、有害无利的事，是不应该去做的。

齐桓公发怒道："寡人南伐楚国到了召陵，望见熊耳山；北伐山戎，灭了令支、孤竹国；西征大夏，远涉流沙；登太行险道，直达卑耳山而还。诸侯没人敢违抗寡人，寡人九合诸侯，一匡天下，虽过去夏、商、周三代的开国天子，也不过如此！"说虽这样说，但齐桓公还是听从了管仲的意见，最终放弃了封禅想法。

葵丘会盟使齐桓公霸业登顶，也意味着盛极而衰，诸侯不再服从他，而周天子也不再信任他了。可以想见，未来的几年内，齐国的霸业必然衰败。

知识链接 封禅

封禅是古代天子与天沟通的最重大礼节，必须有足够大的功劳和雄心壮志才能支撑起封禅典礼。从古到今，仅有秦始皇、汉武帝、汉光武帝、唐高宗、唐玄宗、宋真宗等几个皇帝在泰山举行过封禅大典，不过因为宋真宗本没什么成绩就举行封禅大典，拉低了这个大典的档次，所以之后的皇帝就不屑于泰山封禅了。

第三章

表里山河：晋国称霸中原

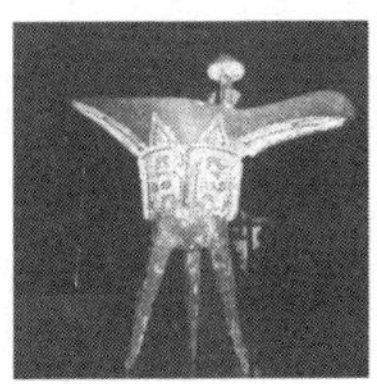

“霸”的权力和责任

道德三皇五帝，功名夏后商周。

英雄五霸闹春秋，顷刻兴亡过手。

青史几行名姓，北邙无数荒丘。

前人播种后人收，说甚龙争虎斗。

——（明）冯梦龙《东周列国志》

春秋时期，各国都热衷于争霸，在齐桓公开创这个模式后，宋国、晋国、秦国、楚国、吴国、越国都先后加入了这个游戏。为什么这些国家都热衷于参与这种争夺呢？那是因为“霸”拥有大权力，能为自己的国家赚得盆满钵满。

齐桓公任用管仲为相，促进国家的统一，“九合诸侯，一匡天下”，最先成为霸主。齐桓公是周庄王十二年（公元前 685 年）即位的，他在政治、经济上进行了一系列改革，使齐国国力强盛起来。随后齐桓公率兵击退戎族、狄族的进攻，又率齐、鲁、宋等八国之师破蔡伐楚，阻止楚军北进，“内外兼修”，使齐桓公拥有了威望。周襄王元年（公元前651年），齐桓公召集诸侯于葵丘会盟，成为春秋第一任中原霸主。

周襄王二十年（公元前 632 年），楚成王率领楚、郑、陈等军队围攻宋国都城商丘（今河南商丘南），宋国被迫向晋国求救。

很快，晋文公率领中原联军和楚国发生大战。晋文公为了避开楚军的锋芒，以便选择战机，命令部队向后撤退九十里。古代军队行军三十里叫作一舍，九十里就是三舍。晋军“退避三舍”，后撤到卫国的城濮（今河南濮城）。城濮离晋国比较近，补给供应很方便，又便于会合齐、秦、宋等盟国军队，集中兵力。

城濮之战，晋国获胜。随后，晋文公请来周襄王，在践土和诸侯会盟。周天子册封晋文公为侯伯（诸侯之长），并赏赐他黑红两色弓箭，表示允许他有权自由征伐。晋文公成了第二位中原霸主。

先后受到了齐、晋的阻挡，楚国转而向东吞并了一些小国，国力强盛。周定王十年（公元前 597 年），卷土重来的楚军在楚庄王的率领下，在邲（今河南郑州北）与晋军大战，打败晋军。中原各国屈辱地向楚国求和，甚至周王室都派出使者，承认楚王的“王”位。这样，来自南方的楚庄王成为第三位中原霸主。

晋国称霸的时候，西部的秦国也强大起来。秦穆公企图向东争霸中原，但由于向东的通路为晋所阻，便向西吞并十几个小国，在函谷关以西一带称霸。所以，也有说法将秦穆公算入春秋五霸中，不过因为秦国的影响力只在西方，所以这个霸主略微有点“水”。

以后，吴国、越国相继强大，争霸于东南。

周敬王二十六年（公元前 494 年），吴王夫差进攻越国，围困越王勾践于会稽（今浙江绍兴），迫使越国屈服，接着又打败齐军。周敬王三十八年（公元前 482 年），在黄池（今河南封丘附近）与诸侯会盟，争得了霸权。然而，因为吴王夫差的影响力在江淮平原一带，远离传统的文明中心——黄河中游地区，所以这个霸主也不够名实相符。

越王勾践自被吴国打败后，卧薪尝胆，立志报仇，经过十几年努力，转弱为强，灭了吴国。勾践乘势北进，与齐、晋等诸侯会盟于徐，成为霸主。此时，越王勾践称霸的原因不是因为越国多强大，而是晋国内部分裂，所以越王勾践的霸王也是名过于实。

另外，也有说法认为宋襄公是春秋五霸之一。

可以说称霸就是春秋史中最主要的活动，如果解释“霸”就需要从春秋的爵位说起。

春秋时代，爵位等级为：公、侯、伯、子、男。这个爵位等级是有特殊意义的，公爵是姬姓人的封爵，周王姓姬，公爵爵位意味着：享有公爵爵位的人，有资格继承王位。当然，并不是所有姬姓人都有资格封为公爵，晋国国君也姓姬，但他最初获封的是唐国，侯爵。后来才改称为晋，自称“公爵”，称“晋某公”。

其实，早期的侯爵与伯爵并没有明显的等级差异。一般来说，替周王在边境地区守卫的战区总督，称为“侯爵”。因为他身处边境，为了国内安全，财力物力不免向周边侯国倾斜，于是，在对外战争时期，侯爵的待遇稍稍高于伯爵。

而早期“伯”的意思是“王的管家诸侯之冠”。春秋时代，这是“霸主”的专用名词。总称霸主为“诸侯之伯”，称霸也称为“称伯”。在中国，兄弟间排行称之为“伯仲叔季”，“伯”就是老大，“诸侯之伯”就是代替“王”管理诸侯的老大，被管理者中当然也包括“侯爵”。

为什么这么多的强力君王都热衷于称霸呢？那是因为霸主拥有的最大好处——纳“征”取“成”。

春秋时代所有的封君都是周王的臣子，所以他们需要纳贡，就是上交财物。而根据职业的不同，有些人需要的是贡献劳动，也就是服兵役。纳贡演变成了税收，贡献劳动演变成了劳役。

周王力量不够，霸主作为代表行使权力，那么他就有资格从其他国家获取财物和劳动力，就是纳“征”取“成”。所以晋楚争霸时，晋国国君一声令下，其他国家就必须服兵役，跟着出兵，而那些没有出兵的国家就需要交钱做军费。如果一旦这两者都不去做，就意味着背叛，等待它的就是霸主国的怒火。

纳“征”取“成”的份额是十分大的，曾经作为晋国大家族族长的赵武子，第一次从国家的“征成”中获得了百分之七的利益，惊讶得口都合不拢，笑着说：“我们赵人，十年不会挨饿了。”

当然，作为享受巨大权益的霸主，除了不断面临新生国家的挑战外，还需要帮天子处理家务事。

周灵王九年（公元前 563 年），周天子的叔叔陈生与卿伯舆竞争周王室国相的职位。因为天子偏袒伯舆，王叔陈生怒而出奔到晋国。周天子就派人请他回去，并杀掉了伯舆的亲信史狡。结果这个周天子的叔叔还是闹别扭，不肯回家。于是晋侯（霸主）就派自己的执政士匄（范宣子）来做裁判。

开庭的这天，因为贵族是不能亲自受审的，所以原告和被告各有代表，王叔陈生的代表是其管家，伯舆的代表是其属大夫瑕禽。

管家首先发言：“尊敬的晋国法官。我们大周王朝自有规矩，尊尊，亲亲，不可动摇上下尊卑。被告出身卑贱，其祖上不过是个贫贱的国人。而现在这么一个出身卑微的人竟然敢和天子的叔叔对簿公堂，这件事情从根源上就说不通吧？”瑕禽说：“如果要说根源，就要从两百年前讲起了。平王东迁，七姓从王，其中就有我家君上的祖先。我家君上的祖先毁家纾难，才让东迁的天子维护住礼仪和威严。天子因此和我家君上的祖先盟誓，除非河清海枯，否则，这贵族的爵位，我家君上将世世代代传下去。从根源上来说，我家君上的先祖也是名正言顺的贵族啊。”

士匄赞许地看了瑕禽一眼，目光移向王叔的管家。管家说：“那又怎么样，贵族和贵族是有差别的。站在洛阳的野人面前，你们可以自称贵族。可我家主人是天子的叔叔，和天子有着相同的血脉，面对这个身份，你还敢自称贵族？”

瑕禽反驳说：“可惜，我们今天面对尊敬的晋国法官，要讨论的是对错而不是出身。众所周知，自从王叔被任命为国相，朝廷上下就乌烟瘴气。至于法律，更是不当回事。在这个国家，唯正直者受穷。”双方争执不下。

到了这个层面，法律就失去了威慑意义，对错不是重点，实力和利益才是重点。虽然晋国是最注重法律的国家，但是这里是周王室的地盘，必须根据周的传统行事。

士匄说：“天子偏袒谁，我也会偏袒谁，我判定伯舆获胜。”但是实际操作上，他却命令两人签订平等的友好协议。结果，双方都接受不了，晋国就任命亲晋国的单靖公为周室国相。

可以说，霸主除了可以从别国征收保护费，获得利益外，也要承担自己的义务，甚至连一些鸡毛蒜皮的事情都要处理。

知识点思考 为什么楚国也能作为霸主国？

称霸是周朝体系内部的政治活动，而楚国是一个体系外的成员，所以严格上来说，楚国从来没有成为春秋时代的霸主，也就是从来没有黄河流域的国家给楚国上交过保护费。但是因为在“楚王问鼎”事件中，周王室主动贿赂楚国，好让他们退兵，从而给楚国送上了一顶“霸主”的帽子。

不名誉地被俘

世溷浊而不清：

蝉翼为重，千钧为轻；

黄钟毁弃，瓦釜雷鸣；

谗人高张，贤士无名。

——（战国）屈原《楚辞·卜居》

晋献公死后，晋国内乱不止，最后大臣们商议，接回来了逃亡在外的公子夷吾，是为晋惠公。

最开始大臣们商议的结果是接年纪较大的公子重耳回国，于是里克派人到翟国迎接重耳，想拥立他为君。重耳辞谢说：“我违抗父命而出奔，又不能按儿子的礼仪为父亲守孝，我怎敢回国？还是请大夫改立别的公子。”使者回报里克，里克又派人到梁国迎接夷吾。夷吾想回去，身边的人劝他说：“国内还有其他的公子虎视眈眈，却到国外来找您，难以让人信任。只有借助强国的威力返回晋国，才能真正地安全，公子应该去秦国寻求帮助。”于是夷吾就派人送重礼贿赂秦穆公，许诺说：“如果得以回国，愿将晋国河西地区割让给秦国。”正野心勃勃想要东进的秦穆公非常高兴地答应了，派兵送夷吾回晋国。

周襄王二年（公元前650年），喜欢诈术的晋惠公背弃诺言，派邳郑父向秦穆公道歉说：“当初我把河西许诺给您，今有幸回国继位。但是大臣们说：‘土地是先君的土地，您逃亡在外，凭什么擅自将土地许给秦国？’我为您争取了，但是很抱歉……”于是没有割地给秦国。同时，晋惠公还强势地对待里克，刚刚回国就剥夺了他的权力——罪名是杀死了前任国君悼子。

同年四月，周襄王派周公忌父与齐国和秦国大夫一起拜访晋惠公，承认了晋惠公的新君地位。

但是，晋惠公还是担心身在国外的重耳，怕里克发动政变，便赐死里克。他对里克说：“您杀害了两位国君、一个大夫，前科如此吓人，做您的君主不也太难了吗？”里克回答：“不废除旧君，您哪有机会被立？想杀我，还找这种借口。我对不起所有的晋国人，却对得起你。”随后就伏剑自杀了。

当时邳郑父因去秦国道歉还没回来，听说里克被杀，为了自保，就对秦穆公说：“吕省、郤称、郤芮等人是卑鄙小人。如果用重礼贿赂并与他们合谋，即可驱逐晋惠公，迎立听秦国话的重耳，事情必能成功。”秦穆公答应了，就派人与邳郑父一同回晋国，送厚礼收买吕省、郤称和郤芮（他们都是晋惠公的心腹，而且是公族大夫）三人。

但是这三个人是晋惠公的铁杆，很清醒地表态：“礼重话甜，这一定是邳郑父把我们出卖给秦国了。”于是诛杀邳郑父，并大肆搜捕邳郑父和里克的余党。

▲ 晋惠公

晋惠公因违背给秦国土地和给里克城邑的诺言，又在国内大肆清洗，牵连了很多晋国的贤人，所以国人很不顺服他。

周襄王五年（公元前 647 年），晋国发生饥荒，晋惠公向秦国请求购买粮食。秦穆公询问大夫百里奚，百里奚说：“天灾流行，各国都可能发生，救助灾荒，敦睦邻国，是国家应尽的道义，应该答应晋国。”邳郑父的儿子邳豹却请求秦穆公趁机攻打晋国。秦穆公说：“晋惠公虽然可恶，但晋国百姓是无罪的。”于是秦穆公派了大量的船只运载粮食，从秦国都城雍城（今陕西宝鸡凤翔境内）至晋国都城绛城。

然而，晋国人却恩将仇报。周襄王六年（公元前 646 年），秦国发生饥荒，向晋国请求购买粮食。晋惠公的舅舅虢射说：“往年上天把晋国赐给秦国，秦国不知道夺取还借粮食给我们。今天上天把秦国赐给晋国，晋国岂能违逆天意？趁机攻打他们。”晋惠公采用虢射的计谋，不给秦国粮食，反而发兵去攻打秦国。这种行为让晋惠公和秦穆公之间产生了一个不死不休的局面。

周襄王七年（公元前 645 年）春天，秦国艰难万分地度过灾荒，秦穆公就率军大举进攻，报复晋国。晋惠公向大臣询问计策。庆郑说：“秦国曾护送君王回国即位，君王却违背割地的诺言；晋国饥荒时秦国援助粮食，秦国饥荒时晋国却背弃恩义，反而想趁机进攻它，秦军攻入晋国国境不也应该吗？”当时，晋惠公占卜让庆郑给自己驾车和护卫，都得吉卦。但是因为庆郑的这番话，晋惠公说：“庆郑对我不恭顺。”改由将领步阳驾驭战车，让一个名叫徒的家仆担任车右护卫，进兵抵御秦军。

同年九月，晋惠公与秦穆公在韩原交战。

双方不约而同地选择了斩首战术。交战中，晋惠公所乘坐战车的马陷于泥淖走不动，秦军追了上来，晋惠公窘急，叫庆郑来驾车。在出征安排上受辱的庆郑说：“不听占卜，打败仗不是活该吗？”说完便掉头而去。晋惠公又命梁由靡驾车，虢射担任车右护卫，迎击秦穆公。秦穆公手下勇士奋力冲击打败晋军，晋军败逃，晋军没抓住秦穆公，秦军却抓获了晋惠公并带回秦国。

▲ 国

晋惠公被俘虏后，晋国一直没有新立国君，也不和秦国商量赎回国君。晋国国内大臣强硬地表示：“晋国已经没了好几个国君了，不差这一个，如果秦国杀死了我们的国君，那么就等着晋国人的血流干在秦国吧。”而且，根据当时的贵族法则是不会随意杀死一个国君的。这样，反而使秦穆公拿到了一个“烫手山芋”。

十一月，秦穆公权衡之下，放晋惠公回国。根据被俘期间和秦穆公的协议，晋惠公回国后将晋国黄河以西的土地献给了秦国。

对内，晋惠公回国后立刻诛杀了庆郑并与亲信的奴仆们商议：“重耳逃亡在外，诸侯大多拥戴接纳他。”晋惠公想派人到翟国诛杀重耳。重耳听到这消息，就逃往齐国。

晋惠公在几年内的作为——韩原之战中的被俘，归国后的“软骨头”，让晋国人充分认识到他色厉内荏，无信、无勇、无能的“三无”本质。因此，晋国内部重新酝酿着一次风暴。

知识点思考 为什么一代明君秦穆公反而被耍了呢？

春秋时代，所有在史书上出现的人基本上都是贵族，他们遵循着自己的贵族法则行事。或者说在生产力比较低下的情况下，如果一个人漠视生命，那就是浪费最宝贵的资源。特别是培养一个识文认字的贵族，需要二十年的系统教育，也就是几十个人二十年的努力。这样也因此造成秦穆公恪守贵族规则的背景。换句话说，不是因为秦穆公愚蠢，而是因为晋惠公没有节操和下限。

饿死的霸主

始期忧患弭，卒动灾祸枢。

秦皇本诈力，事与桓公殊。

奈何效曹子，实谓勇且愚。

世传故多谬，太史征无且。

——（唐）柳宗元《咏荆轲》

晋国将要发生内乱的时候，齐国已经发生了内乱。

齐桓公晚年意志衰退，宠妾用奸，好色起佞。他有六个儿子，全部都是庶出，因为没有嫡长子，所以这六个人都有资格继承君位。齐桓公先是立公子昭为太子，而竖刁、开方、易牙等人却欲谋立公子无亏为太子。他们对管仲极为不满，利用近臣身份多次诽谤他。虽然管仲很讨厌这三个人，多次告诫齐桓公要远离这三个小人，但是这三个人太擅长拍马屁、伺候人，最终还是在齐桓公身边留下来了。

然而，齐桓公年老智昏，在管仲死后虽然没有立马让这三个人作为相国，但却让他们把持了临淄的大权。

果然如管仲所料，等到齐桓公一病不起的时候，易牙、竖刁便趁机发动宫廷政变。此时齐桓公年事已高，体力难支，这三个小人趁机把齐桓公囚于宫中，不给他饭吃。事情到了这个地步已经无法挽回，齐桓公此时才领悟，最后含恨而死。

如果说单单死了一个年老体衰的国君还不够乱的话，接下来的公子夺权大戏则彻底毁掉了齐国。

齐桓公死后，易牙、竖刁秘不外宣，并对聚集在宫门口的朝廷官员大下毒手。接着长公子无亏即位，其他公子争相占据了左宫、右宫及一些重要据点，使整个齐国成了一座人间地狱。而桓公的尸体却一直无人理睬。

诸位公子争权的过程是这样的。

齐桓公合计有六儿子，按地位排列依次是：公子无亏，公子元，公子昭，公子潘，公子商人，公子雍。我们为了方便记忆起见，分别称他们为“公子1号”到“公子6号”。

首先，齐桓公的儿子公子无亏（1号）在易牙、竖刁两人的助威和吆喝下赶跑了公子昭（3号），自立为国君。

开方虽然之前与易牙、竖刁一起作乱，但是现在“分赃”的时候，和易牙、竖刁并不意见一致，他想把公子潘（4号）扶上君位。

于是公子无亏（1号）的登位典礼上，公子潘（4号）和开方的私人武装冲了进去，在大殿上发生了冲突。公子无亏（1号）势力比较强大，占领了主殿，公子潘（4号）抢了大殿的右厢。两人都加盖公章，自号齐国君。

不一会儿，公子元（2号）也率领自己的私人武装冲上殿来，和刚才的两方势力扭打在一起，最后成功夺取了大殿左厢，也自立为君。

“你们做得，我当然也做得。”于是公子商人（5号），带上自己所有的卫兵、奴隶把宫廷的院子给占了，亦自立为国君。

四位国君僵持不下，谁也不敢先动手，谁也没有力量一举定乾坤。就在四位公子僵持的时候，齐桓公还暴尸寝宫，已经烂得没形了。

国氏、高氏两家实力派最终出来调解：“既然都是正统的继承人，怎么不孝顺老爹？谁是真正的孝子，谁才有资格继承君位。”四位公子恍然大悟，争当孝子，又一起冲上去抢齐桓公遗体。这次乱战中，还是势力最强大的公子无亏（1号）得到先手，拿到了齐桓公的尸体，并将其草草埋葬。

四大公子内斗正酣。消息传来，宋襄公带领各国联军，护送了逃难而去的原定接班人——公子昭（3号），约集了卫国大兵以及曹、邰小兵，兵车二百乘，杀回齐国。

四大公子立刻停止内战，一致对外，分守四个城门，听凭宋襄公军队在外面叫骂。国氏、高氏两大家族一看外援来了，就突然发动，诱杀了发动政变的罪魁祸首竖刁，并随后串联了管、鲍家族的力量，组成敢死队，猛攻宫廷大殿里的公子无亏（1号）。

最后，公子无亏（1号）被乱兵杀死。易牙一看不好，收拾细软逃往鲁国。

国氏、高氏、管氏、晏氏、鲍氏等十大夫大开城门，迎接宋襄公联军入城。宋襄公和国氏、高氏一起奉原定接班人公子昭（3号）继位，是为齐孝公。其他各位公子看到大局已定，都纷纷出奔。

齐国在经历这场动乱之后，国力已经远非桓公为霸主时可比。

知识点思考 为什么齐桓公不确定继承人地位，避免内乱？

春秋时代，每个被称为公子的人都有自己的势力和封地，无论大小，每一个公子其实就是一个割据政权。另外，因为东周乱世，制度遭到破坏，延续西周的嫡长子继承制名存实亡，如果齐桓公早早立下太子，反而有可能造成太子势力膨胀，成为阻碍自己改革的势力。

宋襄公兵败泓水

齐国内乱，春秋的第一个霸主齐桓公去世，各国诸侯顿时失去了带头人，成为一盘散沙。晋、秦也有各自的内部矛盾，暂时无力过问中原。这样，长期以来受齐桓公遏制的南方强国——楚国，就企图乘机进入中原，威逼江淮。素被中原列国认为是另一个文明的楚国的北进，引起中原诸小国的忐忑不安，于是一贯自我标榜仁义的宋襄公就想趁势崛起，成为新一代霸主，承担起抵抗楚国入侵的重任。

宋襄公的想法不是幻想，因为他有三项优势。

第一，宋国爵位最高，而且地处中原。商朝被灭的时候，遵循“兴灭继绝”的传统，周武王就封殷商大贵族于商朝故地，建立宋国，都城为商丘（今河南商丘睢阳西南）。宋国的地位比较特殊，是周的“客人”而不是下属。在所有的诸侯国中，只有宋、鲁是公国，而且宋这个公国有着完整的殷商文化继承。在一切看出身的春

▲ 宋襄公出征图

秋时代，宋襄公有着极大的优势。

第二，就是宋襄公个人的名声极好。宋襄公兹甫的父亲宋桓公病重，按照当时的嫡长子继承制，兹甫本应是继位之人，可是兹甫在父亲面前恳求，要把太子之位让贤于庶兄目夷，还说："目夷年龄比我大，而且忠义、仁义，请立目夷为国君吧。"于是，宋桓公把兹甫的想法讲给目夷听，目夷听后不肯接受太子之位，说："能够把国家让给我，这不是最大的仁吗？我再仁，也赶不上弟弟啊！况且废嫡立庶，也不合制度啊。"为了躲避弟弟的让贤，目夷逃到了卫国。这个事件传出去后，宋襄公在诸侯之间树立了好的名声。

第三，有平定齐国内乱的功劳。上节中说到，齐国内乱，新上台的齐国君是在宋襄公大力支持下登上国君位置的。并不是每个贵族都像晋惠公一样没有节操，新任齐国君就回报宋襄公，支持他的称霸事业。

再加上宋襄公也是个政治能手，在其领导下，宋的国力有所增长。而且宋直接面对楚国的入侵，也不得不反抗，所以宋襄公的霸业开始了。

抛去表面，从深层来说，宋国的国力远远不及楚国，宋襄公这种不自量力的做法，造成宋、楚间矛盾的高度激化，楚国对当年的齐桓公是无可奈何的，但这时对付宋襄公却是游刃有余，所以它选择拿宋襄公开刀。

这样，泓水之战爆发了。

周襄王十三年（公元前639年）春，宋、齐、楚三国君主会于齐，在宋襄公的强烈要求下，三国同意于同年秋在宋国召开诸侯大会。同年秋，宋襄公以盟主身份约楚成王以及陈国、蔡国、郑国、许国、曹国之君在盂（今河南睢县西北）会盟，齐国和鲁国借故未到——他们的意思是我可以暗地里尊敬你，但是明面上鲁、齐不比宋弱，是不会做宋的"小弟"的。宋襄公轻车简从赴会，以争取与会诸侯的信任，结果在会场上遭到楚成王的突袭被擒。楚成王随即带着俘虏宋襄公进攻宋都商丘（今河南商丘西南），宋军坚守，数月未下。

和秦穆公抓住晋惠公一样，楚成王也陷入了进退两难的困境，在鲁国君的调停下，同年冬释放了宋襄公。

宋襄公遭此奇耻大辱，一心想要报仇雪恨，他痛恨楚成王的不守信义，更愤慨其他诸侯国见风使舵，唯强是从。他自知军力非楚国之匹，暂时不敢主动去惹犯它；而是先把矛头指向臣服于楚的郑国，决定兴师讨伐，来挽回自己曾为楚囚俘的面子。

大司马公孙固和公子目夷（宋襄公想要让位的庶兄）都认为攻打郑国会引起楚国出兵干涉，劝阻宋襄公不要招惹楚人的攻击。可是宋襄公却振振有词地为这一行动进行辩护："如果上天不嫌弃我，我说不定还能恢复祖上殷商的丰功伟绩呢！"宋襄公执意伐郑。

郑文公听说宋国军大举来攻，不敢怠慢，立即求救于楚。楚成王果然迅速起兵伐宋救郑。宋襄公得到这个消息，才知道捅了马蜂窝，不得已急忙从郑国撤军。周襄王十四年（公元前 638 年）十月底，宋军经过长途跋涉，回到了出发地。

这时楚军仍在陈国境内向宋国挺进途中。宋襄公为阻击楚军于边境地区，屯军泓水（涡河的支流，经今河南商丘、柘城间东南流）以北，等待楚军的到来。十一月初一，楚军进至泓水南岸，并开始渡河，这时宋军已布列好阵势。宋大司马公孙固鉴于楚强宋弱，宋军已占有先机之利的情况，建议宋襄公把握战机，对楚军半渡而击。

大司马公孙固说："彼众我寡，可半渡而击。"军事"小白"宋襄公拒不同意，说仁义之师"不推人于险，不迫人于阨"。

这样，楚军得以全部顺利渡过泓水，在河北岸布列阵势。

那个时代军队列阵需要大量的时间，所以这时公孙固又奉劝宋襄公乘楚军列阵未毕、行列未定之际发动攻击，但宋襄公仍然不予接受。他的理由是："这不是宋、楚之间的私怨，而是中原诸侯和蛮夷的较量，必须堂堂正正作战。”

等到楚军布阵完毕、一切准备就绪之后，宋襄公这才击鼓向楚军进攻。可是，这时一切都已经晚了，弱小的宋军哪里是强大楚师的对手？一阵厮杀后，宋军受到重创，宋襄公本人的大腿也受了重伤，其精锐的卫队全部为楚军所歼灭。在公孙固等人的拼死掩护下，宋襄公才得以突出重围，狼狈逃回宋国。

泓水之战就这样以楚胜宋败降下帷幕。

战后国人皆怨宋襄公指挥不当，但宋襄公并未认识到自己的错误，向臣民辩解说："古之为军，临大事不忘大礼""君子不重伤（不再次伤害受伤的敌人）、不擒二毛（不捉拿头发花白的敌军老兵）、不以阻隘（不阻敌人于险隘中取胜）、不鼓不成列（不主动攻击尚未列好阵的敌人）"，认为自己遵守古训行事并无不当。周襄王十五年（公元前637年），宋襄公因为伤口感染而死。

宋襄公一死，国力遭到重创的宋彻底沦落为二流国家，而领导中原各国抗击楚国的重任就落到了晋文公身上。

知识点思考 为什么都是秋天举行盟会？

春秋时代，所有的士兵都是农夫，只有中、高级将领才是贵族，是职业军人。这些士兵在春天播种，夏天收获，秋、冬季为国君服役。而且春秋时代战争节奏缓慢，一般是第一年确定好作战，然后春天发布召集令，直到秋天才能聚集军队。盟会往往和军事行动伴生，所以盟会也都在秋天举行。

天然大国的发展

笃公刘，匪居匪康，迺埸迺疆，迺积迺仓；

迺裹餱粮，于橐于囊，思辑用光。

弓矢斯张，干戈戚扬，爰方启行。

笃公刘，于胥斯原。既庶既繁，既顺迺宣，而无永叹。

陟则在巘，复降在原。何以舟之？维玉及瑶，鞞琫容刀。

——《诗经·大雅·生民之什·公刘》

晋文公登位后，推举贤良，任用有才能的人，制定官员规章，按法办事，确立名分，培育美德；赏赐随从自己流亡的人员和各位有功之臣，功大的封给城邑，功小的授予爵位；培养百姓的纯朴德行，大量起用在晋惠公、晋怀公时代受到迫害的旧族，姬姓中贤良的人担任内务官，异姓中有才能的人担任边远地方的官；王公享用贡赋，大夫收取采邑的租税，分给士族田地，一般平民自食其力，工商之官领受俸禄，差役按其职务领取口粮，家臣的食用取自大夫的加田。

这些措施完成后，晋文公开始了对晋国的全方位改革。这次改革是在管仲治齐的基础上进行的，被称为“郭偃之法”。

史书上对这次改革的表述是这样的：“公属百官，赋职任功。弃责薄敛，施舍分寡。救乏振滞，匡困资无。轻关易道，通商宽农。懋穑劝分，省用足财。利器明德，以厚民性。举善援能，官方定物，正名育类。昭旧族，爱亲戚，明贤良，尊贵宠，赏功劳，事耇老，礼宾旅，友故旧。胥、籍、狐、箕、栾、郤、柏、先、羊舌、董、韩，实掌近官。诸姬之良，掌其中官。异姓之能，掌其远官。公食贡，大夫食邑，士食田，庶人食力，工商食官，皂隶食职，官宰食加。政平民阜，财用不匮。”

这一段话可以分作三个部分来看，从“公属百官”到“以厚民性”为第一部分，采取任用官员、赏有功、减轻人民负担、实行救济政策、发展农业和商业等一系列措施来发展生产，赢取人心。第二部分是从“举善援能”到“掌其远官”，是用人政策。第三部分从“公食贡”到“官宰食加”，规定的是分配制度。而这一系列政策的结果是“政平民阜，财用不匮”。

“公食贡”是晋文公的主要改革，照这个改革，国君没有自己的保留土地，他的收入主要是大夫们的进贡。照这个制度，似乎“庶人”“工商”以至“皂隶”都有所“享”，都有所得。

晋文公的改革针对的是晋国原来制度的弊病。

晋文公的新政中，重用卿大夫，对从近官到远官的执掌作出了规定，孔子认为这样能守贵贱分别之度，因而给以好评，新政也体现了“庸勋、亲亲、昵近、尊贤”之德。晋文公在之后的一系列举措中，“出定襄王，入务利民”，使民知义而安其生；伐原以示民以信，“民易资者不求丰焉，明征其辞”；大蒐示民以礼，“作执秩以正其官，民听不惑而后用之”，终于在城濮厚积薄发，获得

▲ 绢本《晋文公复国图》

了天下霸权。

晋文公任用卿大夫，在当时确实调动了他们的积极性，实现了霸业，但在中央集权这一点上，虽然并未召回群公子，把权力下放给卿大夫却可以说是退步了。

从这些方面看来，晋文公所施行的变革是学习礼乐制度，使之施行于相对落后的晋国，而且加以制度化、系统化的过程。另外，诸侯对天子“比年一小聘，三年一大聘，五年一朝”的朝聘制度，也是晋文公为尊王而规定的。从新政中“弃责薄敛”可以看出，在晋文公实行新政之前，晋国已有赋税，“食贡”是国君的特权，凭“公食贡”就说国君没有自己的保留土地过于无稽，而且后来晋国国君还是屡次以田赏人。

晋文公在晋国所施行的变革，是一个改变戎狄之俗、学习礼乐文化并对以礼为核心的等级制度的规范化和制度化的过程，同时部分继承了先代改革的成果，通过这些举措改变了当时在文化、经济上相对落后的晋国，起到了一定的积极作用，也为晋国称霸打下了坚实的基础。

有意思的是，晋国的改革是抄袭了管仲的变革，可以说是全盘齐化。可是管仲之后，齐国人太过于崇拜他，所以不敢对管仲的政策进行因袭变化，以至于直到战国时，齐国的制度都是僵化的。反而是“学生”晋国，从晋文公时代开始，以管仲之政为基础，国内的改革从来没有停止过。

这也是春秋时代，晋强齐弱的原因之一。

晋楚百年恩怨的开始

挞彼殷武，奋伐荆楚。深入其阻，裒荆之旅。

有截其所，汤孙之绪。维女荆楚，居国南乡。

昔有成汤，自彼氐羌，莫敢不来享，莫敢不来王。曰商是常。

——《诗经·商颂·殷武》

晋国的壮大崛起引起了楚国的严重不安，两国之间的矛盾日趋尖锐，而围绕对宋国的控制权，终于导致这一冲突的全面激化。

周襄王十八年（公元前 634 年），鲁国因和曹、卫两国结盟，几度遭到齐国的进攻，便向楚国请求援助。而泓水之战后被迫屈服于楚的宋国，这时看到晋文公即位后晋国实力日增，就转而依附晋国。其他夹在晋、楚之间的国家，如郑、曹等国家也纷纷选队站位。

楚国为了维持自己在中原的优势地位，便出兵攻打齐、宋，并想借此来扼制晋国势力的东进和南下。而晋国不甘心长期局促于黄河以北一带，也迅速做出反应，遏制楚国的北上，以救宋为名，出兵中原。

周襄王十九年（公元前 633 年）冬，楚成王率领楚、郑、陈、蔡多国联军进攻宋国，围困宋都商丘。宋成公于危急中派大司马公孙固到晋国求救。晋国大夫先轸认为这正是“报施救患，取威定霸”的良机，力主晋文公出兵。

但是，晋国离宋国商丘道路遥远，并且晋文公没有信心正面和楚国抗衡。正当晋文公为此踌躇之际，狐偃建议：先攻打楚国的附庸曹、卫两国，调动楚军北上，以解救宋国。

战略方针确定后，晋国君臣随即进行了总动员——此时晋国已经完成了军事改革，有上、中、下三军。准备就绪后，晋文公统率全国大军渡过黄河，进攻卫国，很快占领了整个卫地。接着，晋军又向曹国发起了攻击，三月间，攻克了曹国都城陶丘（今山东定陶），俘虏了曹国国君曹共公。

那个时代流行的战争规则是“因粮于敌”，曹、卫是中原腹地，非常富庶，晋文公前期担心的补给问题很快就地解决，所以晋军有了长期和楚军对峙的资本。

晋军攻打曹、卫两国，原来的意图是想引诱楚军北上，然而楚军却不为所动，依然全力围攻宋都商丘。于是宋国又派门尹般向晋告急求援。这就使得晋文公感到进退两难：如不出兵驰援，则宋国力不能支，一定会降楚绝晋，损害自己称霸中原的计划；但若出兵驰援，则原定诱使楚军于曹、卫之地决战的战略意图便将落空，且己方兵力有限，在远离本土情况下与楚军交战恐难以取胜。

为此，晋文公再度召集大臣进行商议。先轸仔细分析了形势，提议由宋国出头，让齐、秦进行调停。楚国自负，必定不搭理齐、秦的建议，那么齐、秦就会被激怒，加入到我方作战。晋文公依计而行，齐、秦果然被拉入晋国阵营。齐、秦都是当时的大国，他们放弃中立立场，使得晋、楚双方的力量对比发生了重大的变化。

楚成王看到晋、齐、秦三大国结成联盟，形势明显不利于己，就主动把楚军撤退到楚国的申地（今河南南阳），全力避免和以晋军打头的诸夏联军冲突。他告诫楚军统帅子玉，晋文公非等闲人物，不可小觑，凡事要量力而行、适可而止、知难而退。但是子玉骄傲自负，根本听不进楚成王的劝告，仍坚决要求楚成王允许他与晋军决战。子玉说：“楚国从来没有逃跑的习惯，我作为令尹，不能开这么个‘优良’传统。”这句话讥讽楚成王避敌锋芒的战略，楚成王一怒之下率军回国，不肯给子玉增拨充足的决战兵力，只留下西广、东宫和若敖之六卒等少量兵力。

晋国队友增多，楚国内部不和，可以说在决战前胜负已分。

子玉派遣使者宛春故意向晋军提出了一个休战的条件：晋军撤出曹、卫，让曹、卫复国，楚军则解除对宋都的围困，撤离宋国。子玉这一招不怀好意，实际上是要让晋国放弃争霸中原、号令诸侯的努力。但晋文公棋高一着，采纳了先轸更为高明的对策：一方面将计就计，以曹、卫同楚国绝交为前提条件，私下答应让曹、卫复国。另一方面则扣留了楚国的使者宛春，以激怒子玉来寻战。

楚国使者被扣，曹、卫投向了晋国，子玉恼羞成怒，气势汹汹地扑向晋军，寻求战略决战。晋文公见楚军向曹都陶丘逼近，为了避开楚军的锋芒，选择有利的决战时机，诱敌深入，后发制人，遂下令部队“退避三舍”，撤到预定的战场——城濮（今山东鄄城西南）一带。

晋军的“退避三舍”，实际上是晋文公谋略胜敌的重要一着妙棋，它在政治上争得了主动——“君退臣犯，曲在彼矣”，赢得了舆论上的同情；在军事上造就了优势——便于同齐、秦等盟国军队会合，集中兵力；激发了晋军将士力战的情绪。战术上先占据地利，以逸待劳。而且还实现了自己的诺言，获得了在诸夏联军中更高的威望。晋军的主动后撤，楚军中不少人都感到事有蹊跷，主张见好就收，然而刚愎自用的子玉却认为这正是晋军胆气已丧的表现，挥兵追至城濮。

晋军在城濮驻扎下来，齐、秦、宋诸国的军队也陆续抵达和晋军会合。周襄王二十年（公元前632年）四月，城濮战云弥漫，晋、楚两军在这里展开了一场“世界大战”。

在决战中，晋军针对楚中军较强、左右两翼薄弱的部署态势，以及楚军

▲ 车战

统帅子玉骄傲轻敌、不谙虚实的弱点，采取了先击其翼侧，再攻其中军的作战方针，有的放矢地发动进攻。晋下军佐将胥臣把驾车的马匹蒙上虎皮，出其不意地首先向楚军中战斗力最差的右军——陈、蔡军猛攻。陈、蔡联军本来就比较弱，而且受到这么奇葩的攻击，顿时惊慌失措，一触即溃。

不久，楚左翼遭受了晋国最精锐的中军打击，被迫收缩防线。子玉此时见其左、右两军均已失败，大势尽去，不得已下令中军迅速撤离战场，才得以保全中军。

楚军战败后，连夜撤退，晋军也是疲惫不已，不好追赶。

楚国军队撤退后，楚成王的使者来对统帅子玉说："大夫要是进方城去，怎么向申县和息县的父老交代呢？"——楚国没有逃跑的令尹，当然也没有不承担责任的令尹，于是统帅子玉主动承担战败的责任，自杀身亡。消息传到晋国，晋文公高兴地说："再也没有能威胁晋国的存在了。"

城濮之战就此以晋军获得决定性胜利而告结束，楚国大败，二十年之内不敢北上争锋，也就是说，晋国人能在二十年内保持霸主国的地位。

让秦人再哭五十年

朔风吹度秦时关，铁衣映雪夜更寒。

生吞六国建功业，死卧北疆镇河山。

——（唐）佚名《咏秦民》

城濮之战后，晋文公效仿齐桓公，举行了践土会盟，获得了霸权。

但是好景不长，周襄王二十四年（公元前628年），年岁已高的晋文公寿终正寝。许多被晋文公死死压住的贤臣明君开始蠢蠢欲动起来，其中最为兴奋的就是晋文公的岳父——西方霸主秦穆公。

当时，郑国因为受到晋国的惩罚，其国都大门分别由晋国和秦国的人把持。晋文公去世的消息传出后，戍卫郑国东大门的秦大夫杞子等向秦穆公密报，说他们掌握着郑国都城的城防，建议秦穆公派兵偷袭郑国，由他们做内应，则郑国可灭。秦穆公多年以来处心积虑谋求向东发展，这个建议正中其下怀，如能袭取郑国，即可进入中原，分享晋国的霸权。

于是，秦穆公向大夫蹇叔征求意见。蹇叔说："辛劳大军远道奔袭，这是我从未听说过的。跨越千里去袭击别人，人家怎么会不知道？我军长途跋涉，筋疲力尽，人家有所准备，是不会成功的。"但袭郑的诱惑力很大，秦穆公主意早已拿定，遂不听蹇叔意见，命令百里孟明、西乞术、白乙丙三帅率兵东进。

秦军袭郑，由秦都雍至郑都绛，历程上千里，中经桃林、崤函、轘辕、虎牢等数道雄关险塞，是一次冒险性的军事行动。

周襄王二十五年（公元前627年）春二月，秦军经过王都洛邑北门，“左右免胄而下，超乘者三百乘”，表现轻佻无礼，就有王室的士大夫预测：“秦军如此傲慢，必定缺少朋友，千里行军，还四处树敌，我看不到秦国军队赢的希望。”

大规模行军是无法保密的，而且秦军也没有保密的意识。秦军行抵滑国，遇郑国到周做生意的商人弦高。弦高见状，一面以滑国国君名义先送四张牛皮，然后送牛十二头，犒劳秦军，说：“寡君闻吾子将步师出于敝邑，敢犒从者。不腆（厚）敝邑，为从者之淹（久），居则具一日之积，行则备一夕之卫。”一面派人乘专车急回国内报告。

郑穆公获得弦高报告，立即派人去探察秦将所居的馆舍，见秦兵已“束载、厉兵、秣马”，准备作战了。于是，郑穆公正式派出使者对戍守郑国的秦将说：“听说你要走了，我邀请你去我的围场射猎，为你们送行。”并暗暗下令郑国都戒严。

见机密已泄，秦将杞子逃亡到齐，逢孙、杨孙逃亡到宋。秦帅百里孟明见内应已逃遁，郑国有了准备，认为“攻之不克，围之不继”，不如退兵，就顺手消灭了滑国，满载战利品而还——士兵们经长途跋涉十分疲惫，现在更是满载战利品，这种状态，基本上战斗欲望为零。

晋国当时在晋文公的国丧之中，得到秦国消灭了自己“后花园”滑国的情报，中军帅先轸认为，秦穆公不听蹇叔忠告，而以贪婪兴师，这是上天赐给他们击敌的机会，力主攻击秦军。先轸说：“秦不哀吾丧而伐吾同姓，秦则无礼，何施之为？”又说：“吾闻之，一日纵敌，数世之患也。谋及子孙，可谓死君乎？”

新即位的晋襄公采纳了先轸的建议，发兵击秦，并联合姜戎一道行动。晋襄公下令全军服丧，自己也穿着丧服亲自督军，在崤函地区的东、西崤山之间设下埋伏。

周襄王二十五年（公元前 627 年）四月，秦军进入埋伏圈。战斗中，秦军士气全无，而国丧中的晋军则认为“秦国无礼”，各个奋勇争先。在晋与姜戎夹击下，秦军全军覆没，百里孟明、西乞术、白乙丙等被俘。

晋军全胜而归，文嬴（晋文公夫人，襄公嫡母）向晋襄公请求释放秦国三帅，说他们是构成秦、晋二君间隙的罪魁，请让他们回国去接受杀戮。晋襄公听从母亲的话，释放了秦国三帅。先轸得知，责备晋襄公处置失当。晋襄公又命阳处父去追击，但秦三帅已登舟渡河。百里孟明等三帅回到秦国，秦穆公不但没有加罪，反而对其更加信任，使其专任军事。

秦穆公不甘心失败，虽然对中原霸权已经不抱有奢望，但他必须让晋国人知道厉害，必须在敌人面前为自己扬威。

周襄王二十八年（公元前 624 年）夏天，秦穆公亲自带领秦军主力渡过黄河，向晋国发起了复仇的攻势。秦军横跨黄河，整装待发，秦穆公下令焚烧所有渡船，自断归路。

秦军来势汹汹，大有不破晋军终不还的架势，晋襄公召开会议商讨对策，执政大夫赵衰认为秦穆公为了这一战做了长期的准备，秦军人人抱着必死的决心来找晋国拼命，以报当年崤山之恨。晋国没有完成战争动员，不如坚壁清野，关门不出，只要给足了秦穆公面子，他自然撤兵。晋襄公果断地接纳了赵衰的建议。

秦穆公攻占了晋国的王、官两邑，在晋国国土上耀武扬威长达一个多月，也没有碰上晋军主力，便很识大体地撤军了。这支复仇之师的口号是“报崤山之恨”，因此秦穆公率领秦军，向南移动，来到崤山，为当年崤山之战中阵亡的秦军将士举行了盛大的祭奠仪式。秦穆公在崤山阅兵，并深刻反思了当年意气用事而造成的失误。

秦穆公的这次军事行动大大地提高了秦国的声望，打破了晋军天下无敌的神话，极大地打击了晋军的傲气，晋襄公开始重视秦国，反思这些年来盛气凌人的外交策略。晋襄公乃至手下的诸卿臣子都在考虑这么一个问题：已经夺取霸权时，该如何维护霸权？

这时，一批思想先进、开放的卿大夫，如郤缺等涌现出来，他们主张对诸侯恩威相济，晋国的霸权也开始潜移默化地转变。

这些改变首先体现在对小国的态度上。

周襄王二十八年（公元前624年）冬天，秦国人撤走后不到半年，晋国主动向鲁国表达了歉意，热情邀请鲁文公再次访问晋国。鲁文公不仅见到了晋襄公，而且受到了晋襄公相当隆重的接待。在欢迎宴会上，晋襄公诗兴大发，把鲁文公比作君子，大加赞赏。知书达理的鲁国人被捧得有些飘飘然。在大夫叔孙得臣的指点下，鲁文公当即庄重地表态；“小国受命于大国，敢不端庄慎重？君侯您如此大礼相待，哪里还有比这更快乐的事？小国之所以开心，是因为大国的恩惠啊！”——这个表态持续时间是三百年，一直到晋国分裂，鲁都是从来不背叛的铁杆小弟。

晋国人的高帽子自然送得贴切，鲁国人的马屁也拍得恰到好处。晋襄公非常感动，诚挚邀请鲁文公一起登台，再互成拜礼，说：“作为大国，怎么能不承担维护小国的责任呢？”——这个表态持续时间也是三百年，等到晋国分裂，失去了庇护的鲁国迅速被灭了。

晋襄公好人做到底，于第二年春，归还卫大夫孔达。当然，为了给自己一个台阶下，晋国对外宣称：孔达乃是卫国的贤臣，晋国不忍心忠义之士因为尽忠国事而身陷囹圄，故释放孔达。这一说辞既给了自己面子，也给了卫国面子。同年夏天，卫成公亲自到晋国，致拜谢之意。

在古代的史官看来，晋襄公通过仁德而不是通过武力，使得晋文公建立的霸业得到延续，而且受到诸侯的尊重，这是比他父亲高明的地方。

不过，晋国的这种做法根本原因还是战略环境恶劣，四处都是敌人。特别是此后秦晋交恶，秦国一直是晋国的背上刺。直到战国时代石门之战，二百五十年间，秦晋多次交战，甚至只要新上台的领导集团都会打一打对方。

然而毕竟是天下霸主，晋国并不是特别在乎外敌秦的威胁。借用晋国著名大臣士会的一句话就是："如果秦人不服，那么就让他们再哭泣五十年。"

知识点思考 为什么秦国和晋国不能一直保持友好？

在晋文公时代，秦晋之好因为三四代的联姻关系成为政治常态，甚至这个词语还发展成了"婚姻"的代名词。然而对秦国来说，西、北两个方向都是蛮荒，根本无法获得文明的发展，南方则是高山峻岭，不具备开发条件，只有向东方发展，才能接近文明。可以说，秦晋交恶取代秦晋之好，是地缘政治发展的必然。

争霸赛的第二轮

相对于晋、楚之间的恩怨，上节中秦、晋之间的交战还是小打小闹。

早在子玉自杀时，就有晋国人预言，两代人之后，楚国才有力量重新挑战晋国。很快两代人的时间过去了。晋襄公利用政治手腕维持着晋国的霸业，然而到了其儿子晋景公时代，这种手腕终于碰上了铁拳。当然，敢于对晋国霸主地位发起正面挑战的依然是底蕴雄厚的楚国。

春秋时代的第二次大规模战争爆发了。

晋景公登位的时候年龄不大，能力也不足，缺少历练的机会，压制不了野心勃勃的晋国卿大夫。此时的晋国卿权日重，诸卿相争，内政纷乱，国力有所减弱。而对手楚庄王即位后，在令尹孙叔敖辅佐下，发展生产，整顿政治，集中权力，改革军事，实力日益增强。楚庄王雄心勃勃，问鼎中原，与晋展开争夺中间地带的斗争，尤以地处中原要冲的郑国为争夺的焦点。

当时处于晋、楚之间的老牌投降国郑国认为："晋、楚无信，我焉得有信？"采取了"居大国之间而从于强令"的策略，楚强服楚，晋强服晋。这就引发了晋、楚为争郑而爆发的邲之战。

周定王十一年（公元前596年）春，楚国准备对郑国进行一次更大的打击，出兵围困郑国。楚连尹襄老统率中军，公子谷臣统率右军，优孟统率左军。经过三个月，楚军攻入郑都，郑伯"肉袒牵羊"，至楚军前卑词请降。

郑处中原，为晋、楚必争之地，楚国志在征服郑国，而没有意愿也没有能力灭亡郑国，所以退军三十里，接受郑国的投降，两国结盟。郑派子良到楚国做人质。楚征服郑国后，即挥师北向，驻军于郔，即郑之廪延（在今河南延津北）。郔为城濮之战时晋军南渡之地，楚驻军于此，旨在封锁黄河渡口，一则阻止晋军南下，二则向郑、宋、陈、卫诸国宣示兵威，以掌握战场上的主动权。

听说郑国已降楚，两国媾和，晋军将佐就进与退的问题发生了一场争论。中军帅荀林父认为，战略目标是救郑，可是郑国投降了，那我们不如撤退。这也是楚、晋两国争郑的一贯方针。

中军佐先縠却大唱反调，说："成师以出，闻敌强而退，非夫也。命为军帅，而卒以非夫，唯群子能，我弗为也。"——我们大军不是旅游来的，没有战利品，怎么回国交代？于是他不听将令，率领所部之军渡过黄河南进。下军大夫荀首认为先縠的部队很危险，遇敌必败，违令之罪，责在先縠。但司马韩厥对荀林父说："彘子（先縠名）以偏师陷，子罪大矣。子为元帅，师不用命，谁之罪也？失属亡师，为罪已重，不如进也。事之不捷，恶有所分。与其专罪，六人同之，不犹愈乎？"——先縠是有罪，但是他的麾下晋军是忠诚而服从命令的战士，我们不放弃任何一个战友。于是晋国大军，全部渡河南下。

表面上晋军团结一致，但是事实上如果一个军队需要靠说服才能维持统一行动，其内耗的严重就可以预见了。

楚军听说晋军渡过黄河，在内部也就战与和的问题产生了不同意见。楚庄王想要退兵，令尹优孟也赞同这个意见，下令掉转车头，大旗反向，准备退兵。

郑国为求生存，希望两强决战，以便择胜而从。特派使者劝晋军对楚作战，说："郑国之所以屈服楚国，是为了挽救国家的覆亡，不敢对晋国抱有二心。楚国因屡战屡胜而骄傲了，楚军在外数月，也已疲劳，又不设防备，请晋军攻之，郑军愿做帮手，楚军一定失败。"

本来晋军的目的已经达到，吓退了楚军，但是郑国的这个提议，再次掀起了波澜。中军佐先縠主战，说打败楚国、威服郑国，就在此举，一定要答应郑。赵括、赵同支持先縠意见。下军佐栾书则认为，“楚国目前君明臣贤，不骄不躁，是劲敌，郑国劝我们交战，我们若胜，他们就会服从我们；我们若败，他们就会服从楚国。”赵朔支持栾书的意见。

中军元帅荀林父再次犹豫，不能决断。

知识链接 中军

晋文公改革晋国军事，在晋国设置四军，分为上、中、下、新四个部分。其中，中军是元帅所在的军队。根据晋国制度，中军元帅是整个晋国军队的最高指挥者，其宿营的帐篷就是中军帐。中军帐比一般的帐篷大，上面插着国君或者周王的旗帜，也是指挥的令旗。中军帐相当于现在的作战指挥中心。

楚军洞悉晋军将帅不和，又派使者向晋求和，晋国答应了。但在约定了会盟日期以后，楚军反悔，对晋军挑衅。——这个行为本身在盟会中是常有的，希望通过小动作在盟会中获得主动权。

然而，双方阵营中的主战派不甘心这样退兵，挑衅升级为摩擦，摩擦变成了战斗，最后双方重新回到了对峙状态。

晋国的魏锜和赵旃前去挑衅楚国，晋国人怕他们激怒楚国，让驻守的兵车前去接他们。楚国的潘党远远望见飞扬的尘土，连忙派战车报告晋国的军队来了。楚国人于是出兵迎战。楚国令尹孙叔敖说：“前进！宁可我们迫近敌人，也不要让敌人迫近我们。《诗》说：‘大兵车十辆，冲在前面开道，’这是要抢在敌人的前面。《军志》说：‘抢在敌人前面，可以夺去敌人的斗志。’这是要主动迫近敌人。”楚军士气高涨，迅速逼近晋军。

▲ 荀林父

晋中军帅荀林父见楚军大举来攻，前有强敌，后有黄河，心中慌乱，竟在中军敲响战鼓说："先渡过河的有赏！"中、下军混乱中一道涌向河岸，争船抢渡。先上船者挥刀乱砍，船中断指之多，竟至可以捧起。

这里还出了一个小故事。溃散的晋军，争舟渡河，喧嚣之声，彻夜不绝。有的战车陷入泥坑，无法前进，楚人教他们抽去车前横木。马仍盘旋不进，楚人又教他们拔去大旗，扔掉辕头上的横木，战车才冲出陷坑。晋军回头对楚人说："吾不如大国之数奔也。"意思是：在逃跑上，还是你们楚国人有经验啊。

第二天，楚军进驻衡雍，辎重到达邲地。楚王在衡雍祭祀河神，并修筑楚先君的宗庙，向先君庙告捷而后凯旋。

这年秋，晋荀林父率残兵回到晋国，自请死罪，晋景公说："我们不是楚国，你也不是子玉。"仍用荀林父为中军元帅。

失去晋国的庇护后，宋降楚，卫、曹也转而依附楚国。一时中原形势完全落入楚国的掌握之中，楚庄王如愿以偿地取得了中原霸权。

然而，这时晋军暂时的失败主要在于将帅不和、指挥不统一，并不是国家力量的不足。虽然晋在与楚争霸中暂处下风，但并未损害晋国元气，所以晋国仍然有力量与楚对抗。

化装逃跑的齐顷公

渐渐之石，维其高矣。山川悠远，维其劳矣。武人东征，不皇朝矣。

渐渐之石，维其卒矣。山川悠远，曷其没矣。武人东征，不皇出矣。

有豕白蹢，烝涉波矣。月离于毕，俾滂沱矣。武人东征，不皇他矣。

——《诗经·小雅·都人士之什·渐渐之石》

晋国战败，还没有等到喘一口气，恢复精力，报复楚国，来自东方齐国的挑战就到了。

周定王八年（公元前599年），齐桓公之孙齐顷公即位。此时，经过几十年的休养生息，齐国早就磨平了齐桓公之死带来的战争创伤，对霸权和祖先荣光的渴望让它重新变得跃跃欲试起来。

周定王十五年（公元前592年），担心年轻气盛的齐顷公头脑发热，贸然做出对晋国不利的军事行动，晋国派使者郤克出使，安抚齐国，没想到反而彻底引爆了战争。

路上，郤克碰到了鲁国和卫国的使者，于是一起拜访齐顷公。因为郤克驼背，而鲁国使者跛足，卫国使者一只眼瞎了，齐顷公知道消息后，不加掩饰地嘲笑，还派同样是残疾人的小吏去引导宾客。第二天，使者正式觐见时，齐顷公让自己的母亲躲在屏风后面看新鲜——这个愚蠢的女人不仅看了，还当场就笑喷了。

郤克很生气，后果很严重。

他回到黄河畔发誓说：“不报复齐国，河伯来见证！”郤克返回晋国，向晋景公请求攻打齐国。晋景公询问进攻的原因后，说：“你有怨气，怎么能够伤害国家呢？”不听从他的建议。

当时晋国的执政魏文子听说后，就告老还乡，他说：“如今郤克满怀怨恨而无法安心工作，这股怨恨如果不发泄在国外，就必然降临在晋国国内，引发一场内乱。”接任的郤克执掌国家政权，积极准备对齐国的战争。

而此时的齐国依然在高速扩张中。周定王十八年（公元前 589 年）春天，齐国攻击鲁国，并夺取了隆地。于是，鲁国向霸主国晋国哭诉。

郤克找到了出兵的借口，战争很快爆发。

周定王十八年（公元前 589 年）六月，齐、晋双方军队在鞍摆开阵势。邴夏为齐侯驾车，逢丑父当为戎右（古代战车，将领居左，御者居中。如果将领是君主或主帅则居中，御者居左。负责保护、协助将领的人居右）。晋国的解张为郤克驾车，郑丘缓当戎右。齐侯说：“我姑且消灭了这些人再吃早饭。”不给马披上甲就驱马奔驰。郤克被箭射伤，血流到了鞋上，仍没有中断擂鼓，说：“我受重伤了。”解张说：“从一开始交战，箭就射进了我的手和肘，我折断射中的箭杆继续驾车，左边的车轮都被我的血染成了黑红色，我哪敢说受伤？您忍着点吧！”郑丘缓说：“从一开始交战，如果遇到地势不平，我必定下去推车，您知道这些吗？不过您确实伤势很重难以支持了。”解张说：“军队的耳朵和眼睛，都集中在我们的鼓声中，前进后退都要听从它。这辆车上只要还有一个人镇守住它，战事就可以成功。怎么能由于伤痛而败坏了国君的大事呢？穿上盔甲，手执兵器，本来就抱定了必死的决心，伤痛还不至于死，您（还是）努力指挥战斗吧！”解张将右手所持的辔绳并握于左手，腾出右手接过郤克的鼓槌擂鼓。解张所驾的马狂奔起来，晋军跟随他们。齐军崩溃。晋军追赶齐军，绕着华不注山追了三遍。

晋国的韩厥梦见子舆（韩厥之父，当时已去世）对自己说："次天早晨避开战车左右两侧！"因此（韩厥）在战车当中驾车追赶齐侯。邴夏说："射那个驾车的，他是个贵族。"齐侯说："称他为贵族又去射他，这不合于礼。"（此乃齐侯愚蠢之举）韩厥左边的人被射中，坠落车下；右边的人被射中，倒在车里。晋国将军綦毋张失去了战车，跟随韩厥，说："请允许我上你的战车。"綦毋张站在战车左边或右边，韩厥都用肘制止他，使他站在自己身后。（韩厥由于梦中警告，所以这样做，以免綦毋张受害）

韩厥弯下身子，把倒在车中的戎右安放稳当。逢丑父和齐侯交换位置（这是逢丑父为了保护齐侯，乘韩厥低下身子安放戎右的机会与齐侯交换位置，以便不能逃脱时蒙混敌人）。将要到达华泉时，齐侯战车两边的马被树枝等钩住，而他的车右逢丑父因为前天晚上不小心被蛇咬伤，所以不能推车而被追上。韩厥手持拴马绳站在齐侯的马前，拜两拜，然后下跪，低头至地，捧着一杯酒和一块玉璧向齐侯献上，说："我们国君派我们这些臣下为鲁、卫两国求情，上天不幸，让我们处于敌对的位置，请让我们尽职尽责吧。"——对着一个贵族，捧着玉，说责任，潜台词就是让对方"乖乖做俘虏"。

逢丑父冒充齐侯，命令齐侯下车，往华泉去取水来给自己喝。郑周父驾着齐侯的副车，宛茷担任副车的车右，载上真正的齐侯使他脱身。齐侯回国后宣扬自己有急智，能够脱身，而事实上韩厥早就发现了这个伎俩，只不过不想接受齐侯为俘虏。如前文所说，春秋时代，国君为俘虏就是个"烫手山芋"。

战争的结果证明了两件事情：一是晋国霸主国的地位无可动摇，二是齐国的国君一代不如一代。有人评价齐顷公："他为了自己的生命放弃了作为国君的尊严，那么怎么能指望他和他的国家能有所作为呢？"

第四章

双王并立：楚国崛起于南方

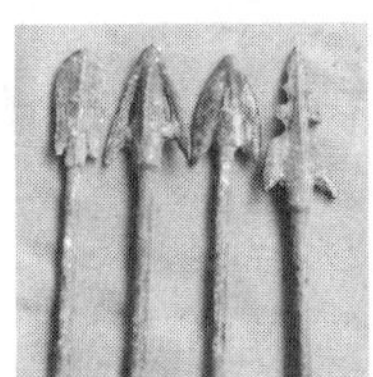

灭国狂人秦穆公

交交黄鸟，止于棘。谁从穆公？子车奄息。

维此奄息，百夫之特。临其穴，惴惴其栗。

彼苍者天，歼我良人！如可赎兮，人百其身。

——《诗经·秦风·黄鸟》

晋、楚百年争霸的过程中，一直充当配角的就是地处西方的秦国，其最出色的首领就是秦穆公。

早在晋献公年迈的时代，雄心勃勃的秦穆公就开始了自己争霸的布局。秦国因为地域关系，与中原各国交流比较少，经济文化比较落后，所以为了提高国力，秦穆公大力引进各国人才，其中最出色的就是百里奚和蹇叔。

秦穆公亲自拜访百里奚，和他长谈了三天三夜，任命百里奚为“五羖大夫”，让他主持国政。

贤人总是和贤人交往，百里奚为大夫之后，就推荐了自己的朋友蹇叔，“介绍信”是这么说的：“我曾外出游学求官，被困在齐国，向铚地的人讨饭吃，蹇叔收留了我。我因而想侍奉齐国国君无知，蹇叔阻止了我，我得以躲过了齐国发生政变的那场灾难，于是到了周朝。周王子颓喜爱牛，我凭着养牛的本领求取禄位，颓想任用我时，蹇叔劝阻我，我离开了颓，才没有跟颓一起被杀；

侍奉虞君时，蹇叔也劝阻过我。我虽知道虞君不会重用我，但实在是心里喜欢利禄和爵位，就暂时留下了。我两次听了蹇叔的话，都得以逃脱险境；一次没听，就遇上了这次因虞君亡国而遭擒的灾难，因此我知道蹇叔有才能。”

有百里奚担保，秦穆公很快就任命蹇叔为上大夫，辅佐百里奚主持国政。这两人也不负秦穆公所望，在国内清查整治，整顿军队，狠抓生产，让秦国的国力迅速上升。

对内修明政治，国力上升，秦国就利用外交手段挑起各国之间的战争，又在各国内部发展分裂势力。其中，最具代表性的是秦晋之好。

从上古时代开始，中国就有同姓不婚的规矩，而且婚姻大事更是讲究门当户对，所以对各国宗室来说，可以选择的婚配对象是比较少的。特别是对晋、郑等国来说，天下绝大部分婚配对象都是姬姓。而对秦国来说，这是个长处——天下只有秦为嬴氏，可以与任意国家结亲。

先是，秦穆公求取了晋献公的女儿，融入了晋国贵族社会的“相亲圈”。然后，在晋国内乱之后，将女儿怀嬴嫁给了晋献公之孙子圉，是为晋怀公；晋怀公很快被杀，秦穆公又把怀嬴改嫁给晋献公之子重耳，支持其登位，是为晋文公。现在人物关系就比较复杂了。

这种错综复杂的关系，给了秦国插手晋国内政的理由。重耳死后，秦穆公认为自己曾几次帮助晋国平定内乱，就连他们的国君都是他立的，现在该轮到他成为新霸主了吧。之前因为晋国打败了楚国，他才将霸主的位子“让”给重耳。

外部时机已到，秦国东向争霸的历程开始了。

结果，秦穆公的满腔雄心被晋国当头棒喝。崤之战中，秦国被晋国打得一败涂地，元气大伤，只好悲悲切切地回去舔舐伤口。

而且，晋国更是得理不饶人，想将秦国的争霸苗头彻底扼杀。公元624年，

为了报复崤之战中秦国的入侵，晋国联合宋、陈、郑各国盟友的军队进攻秦国。当时，秦军的统帅是在崤之战中败北的孟明视，有人担心孟明视能力不足，秦穆公用人不疑地回答："知耻而后勇，我相信孟明视可以。"

孟明视也不负秦穆公所望，尽心尽力，沉着冷静，先是以空间换取时间，来消磨晋联军的锐气，然后在发现了联军士气低下、粮草不足的情况后，就请求秦穆公亲征，将击败晋国人的荣耀和机会让给君主。

经过充分精心的准备，秦穆公、孟明视率大军，浩浩荡荡地杀奔晋国。在渡过黄河后，孟明视下令烧毁渡船，表示不获胜利便不生还。在后路被断的情况下，秦军超水平发挥战斗力，在晋国的土地上往来纵横，无人能敌，甚至差点吓得晋国君臣迁都。

不过秦穆公深知，秦国终究底子太薄，一旦晋国回过神来，就会发起猛烈的反攻，所以秦穆公率领军队来到崤之战的战场，收埋死去的战士祭奠英灵后就撤兵了。

时运不济，秦穆公东向扩张的道路为晋国阻挡，北方是大漠，南方是穷山恶水，他只能带领秦国向西方扩张。他先是招揽谋臣由余。由余长期生活在戎人中，对他们的情况很熟悉。秦国根据由余的计划，逐渐灭掉西方戎人所建立的国家十二个（一说二十个），开辟国土千余里。

秦穆公对戎人的胜利是给周王室增光的事，周襄王二十九年（公元前 623 年），周天子特派使者祝贺，并赐金鼓，希望他继续向戎人进攻，恢复西周故地——是为秦穆公称霸。

春秋小国被灭的样板事件

庶见素冠兮，棘人栾栾兮，劳心慱慱兮。

庶见素衣兮，我心伤悲兮，聊与子同归兮。

庶见素韠兮，我心蕴结兮，聊与子如一兮。

——《诗经·桧风·素冠》

秦穆公灭掉西戎十二个（一说二十个）小国，这些小国的名称甚至在史书中都没有记载下来。其实在中原地区，被灭掉的小国更多。根据马太效应，弱者恒弱，周王室曾经分封的小国大部分在春秋中期就被消灭了，在史书中往往被一笔带过，只留下一个称呼，江国就是小国被灭的典型。

江国位于河南中部，其都城位于现在的淮水北岸、正阳县东南方。传说中江国的始祖是伯益（大禹的大臣）之子，受到商朝的分封建国，不过专家考证，江国是东夷的一支，与发源于黄河中上游地区的文明没有关系。

西周末期，江国加入了朝见周天子的行列，成为周天子的封臣——春秋时期很多小国都是以这种方式成了周封建体系的一员。

江国本来就是一个三流小国，而且处于宋、楚、齐之间，虽然曾一度繁荣，国力强盛，政局稳定，但是小国寡民的发展终也比不上衰败的大国。

春秋早期，周王室衰落，不能有效地庇护各个小国，而此时南方崛起，楚

国的势力扩张到淮河南岸。此时的江国被迫依附于楚国，国君娶了楚成王之妹为妻。虽然名义上此时的江国还臣服于周王，但是实际上成了楚国势力范围中的一员，每年需要向楚国纳贡交成——类似于每年缴纳保护费。

此后，齐国崛起，在“尊王攘夷”的口号下，齐国带领中原联军南下进攻楚国，其主要的交战场就在江国周边。楚国的不停盘剥、大国来回拉锯的战争博弈和时不时的淮河泛滥，很快让江国不堪重负，于是，江国被迫改弦更张，重新回到以齐国为首的联军势力圈中。周惠王十九年（公元前658年），齐国、宋国和江国、黄国召开盟会，江国被迫成了齐国的附庸。对齐国等大国来说，这是争霸中的一件小事，是对楚国的一次重大胜利。而对江国君民来说，这却是灾难的开始。

每一个国家的霸权都不能持久，齐国内乱后衰落，不能有效地庇护江、黄等附庸国。此后，宋襄公更是演出了一场争霸的闹剧，彻底失去了对江、黄各国的控制。

周襄王二十八年（公元前624年），晋国率领诸侯宋、陈、鲁、卫、郑，进攻沉国，覆灭沉国。沉国是和江国差不多大小的国家，属于传统的楚国联盟中的一员，位于今安徽临泉地区。晋国联军的这种行为很快引来了楚国的报复，当年秋，楚军围困江国。

在楚国大军的围攻下，江国根本不敢出战，很快都城被困，被迫向周天子求救。周天子作为名义上的首领，根本没有能力出兵维护江国，所以这封求救信很快就送到了晋国国君的手中。出于争霸的需要，晋国派大将先仆讨伐楚国以救援江国。

周襄王二十八年（公元前624年）冬，晋国联军和少量周天子的部队讨伐楚国，直接进攻楚国北大门方城。

但是双方并没有做好大规模作战的准备，所以晋国联军遇见楚军后并没有发动攻击。而春秋时代没有很好的攻城手段，楚军长期围困江国都城，没有获得实际效果，受到晋国联军威胁后，就撤兵了。

然而，江国的危机并没有解除，对周、晋而言，这种“墙头草”一样的小国，并不值得其与楚国正面交锋；而对楚国来说，江国所在地区是其进入中原的桥头堡。因此，周襄王二十九年（公元前623年），楚国再次进攻江国。

和前一年一样，江国还是无力抵抗，只能再次向晋国求援。

然而，此时秦穆公带领军队为报复崤之战攻入晋国境内。晋国后院起火，自顾不暇，无力救援江国。此年冬，楚国攻入江国都城，灭其国。

和一般的中原灭国战争不同，楚国的灭国方式极其野蛮。楚军拆毁了江国的都城，将江国的贵族迁徙到楚国境内，然后驱赶江国的平民，让他们流散四方。这种灭国被称为“毁宗庙，灭社稷”。

江国和秦国同姓氏，江国的灭亡可以算是秦国同宗的损失，所以秦穆公在听说江国灭亡后穿哀服为之悼念——相当于现代的降半旗志哀。

知识链接 杞人忧天

成语“杞人忧天”的意思是杞国有个人担心天塌下来，整天吃不好饭，睡不着觉，现在意为不必要的担心。但是从春秋时代的背景出发，杞国是一个小国，其贵族中的有识之士害怕大国的入侵，时刻担心社稷宗庙的存亡，以至于不得安眠是完全可以理解的。所以，在春秋国家灭亡浪潮中，杞人忧天是贤明之士的共识。

一鸣惊人的楚庄王

操吴戈兮被犀甲，车错毂兮短兵接。

旌蔽日兮敌若云，矢交坠兮士争先。

凌余阵兮躐余行，左骖殪兮右刃伤。

霾两轮兮絷四马，援玉枹兮击鸣鼓。

——（战国）屈原《楚辞·九歌·国殇》

“春秋五霸”有不同的说法，除了齐桓公、晋文公两个“正式队员”，秦穆公和楚庄王都是这一称呼中强劲的“替补队员”。和秦穆公相比，楚庄王的“霸主人生”更加具有戏剧性。

周顷王六年（公元前613年），年轻的楚庄王在一片风雨飘摇中继位。

此时的楚国，因为连年的争霸战中负多胜少，国家损失惨重，国君威望下降，而且在连年的战争中，军事权力逐渐被几个大贵族世家掌握。同年秋天，公子燮（楚庄王堂兄，拥有继承权）和斗克（楚国大将，曾经为秦国俘虏）趁着令尹子孔出兵征讨楚国边境庸国的机会。发动叛乱。他们宣布郢都戒严，又使人行刺子孔，然而阴谋失败，子孔等人迅速回师围困郢都。

叛乱失败，公子燮和斗克等人就挟持楚庄王从郢都突围，准备外逃。途经庐地的时候，二人被庐大夫戢梁诱杀，楚庄王才得以获救，重返郢都。

此次叛乱的本质是大臣之间的党争——并不是有人觊觎王位，而楚庄王在其中扮演着泥雕木塑的角色。此后，子孔等人彻底架空了楚庄王。楚庄王则不得不避其锋芒，在声色犬马中度日。

相传，楚庄王有一匹心爱的宝马，其待遇超过国中的大夫。后来，这匹马生活待遇太好，得肥胖症死了。楚庄王就要求群臣给马发丧，并要以大夫之礼为之安葬（内棺外椁）。大臣们认为楚庄王是在侮辱大家，说大家和马一样。因此，众臣对楚庄王此举表示不满。面对这种连如何安葬马都受到阻扰的情形，楚庄王非常恼火，下令再有“议论葬马非礼者”，直接处死。

优孟（楚庄王身边的戏子首领）听说葬马之事，跑进大殿，仰天痛哭。楚庄王很吃惊，问其缘由。优孟说，死掉的马是大王的心爱之物，堂堂楚国，地大物博，无所不有，而如今只以大夫之礼安葬，太吝啬了，应该让它享受国君的待遇。楚庄王听后，意识到了自己的错误，重赏了优孟，放弃了马的“豪华葬礼”计划。

虽然表面上声色犬马，但是楚庄王听从别人的意见，悄悄地提拔贤臣，而且在对晋国的作战中获得了一次胜利，威望得到了加强。这样过了三年，楚庄王终于坐稳了国君的位置。

不久，楚庄王从幕后走到台前的机会来了。

周匡王元年（公元前612年），晋国卿大夫赵盾派遣上将军郤缺率领上、下二军在楚国的家门口突袭蔡国（楚国最大最忠实的附庸国），蔡庄侯一面抗击晋军，一面派人向楚国求救。然而楚国的国政掌握在斗氏、成氏手中，而他们忙于内部斗争，不顾国事，根本不发兵救援蔡国。不久蔡都失陷，国破家亡之际，蔡庄侯只能与郤缺签订城下之盟。

雪上加霜的是，第二年楚国爆发了大面积的饥荒，国民收入大减。外敌、天灾、内患和掌权者的不作为，让中小贵族和爱国大臣更加不满，他们迫切希

◀ 楚庄王

望楚王统一大权，扭转局面。

周匡王二年（公元前611年），大夫伍举觐见楚庄王。楚庄王手中端着酒杯，口中嚼着鹿肉，醉醺醺地观赏歌舞。他眯着眼睛问道："大夫来此，是想喝酒呢，还是要看歌舞？"伍举话中有话地说："有人让我猜一个谜语，我怎么也猜不出，想和大王探讨。"楚庄王一面喝酒，一面让他说。伍举说："谜语是'楚京有大鸟，栖上在朝堂，历时三年整，不鸣亦不翔。令人好难解，到底为哪桩？'您请猜猜，不鸣也不翔，这究竟是只什么鸟？"楚庄王听了，心中明白伍举的意思，笑着说："我猜着了。它可是天命玄鸟。这只鸟啊，三年不飞，一飞冲天；三年不鸣，一鸣惊人。"

此后，楚庄王突然出手，避开令尹等人的阻挠，进攻以庸国为首的叛乱势力，一举平定了楚国的内乱，还掌握了国家的主要军事力量。随后，他并不返回都城，而是北上，以和晋国争霸的借口牢牢地掌握着军队。

这让国内的权臣感到害怕，所以他们率先发动了叛乱。

楚庄王空国北征，令尹子越椒（楚国最大的世家若敖氏的首领）攻打苏氏并驱除苏氏，并驻兵蒸野，发动了叛乱。楚庄王听闻子越椒发动军变，立马班师，一方面利用楚国三王（文王、成王、穆王）之子为人质与子越椒和谈，行使缓兵之计；另一方面迅速进军，准备和子越椒背水一战，彻底铲除若敖氏这颗毒瘤。

周定王二年（公元前605年），楚庄王带兵与子越椒的若敖氏家族亲兵于皋浒决战。

子越椒自小在军营中长大，英勇善战，带领叛军猛攻楚王军，子越椒向楚庄王连射几箭都差之毫厘，叛军威势大振，楚王军士卒看到子越椒如此骁勇，开始胆怯。危急时刻，楚庄王击鼓，下令反攻，派出了人形兵器养由基。

养由基是楚国境内的一个小贵族，因为善射得到了楚庄王的赏识。相传，他在和另一个神射手潘党的竞技中，能够一箭射掉百步以外杨树的枝条（百步穿杨），又能够一箭射穿七重犀牛皮甲。可以说养由基是不折不扣的人形兵器，他自己也相当自豪，对楚庄王夸口说："君王以后可以高枕无忧，只要有我的弓箭在。"楚庄王听后反而鞭笞他，并告诫说："擅长游泳的人会淹死，擅长骑马的人会摔死。"他没收了养由基所有的箭，只让他留下三支在手上。

现在，情况危急，楚庄王拿出一支箭，交给了养由基。养由基也不负所望，拉弓搭箭，射死子越椒。若敖氏叛军失去领袖后，瞬间树倒猢狲散，军阵大乱。楚庄王乘势反扑，彻底击溃了若敖氏。

知识点思考 为什么若敖氏在楚国如此强势

若敖氏是楚国的王族，楚庄王也属于若敖氏的一员。不过从楚武王时代开始，若敖氏就不断分化，出现了成、斗等新的姓氏，而楚国国君都是芈姓，和其他若敖氏成员有所区别。并且，楚国文明相对落后，并没有形成固定的嫡长子继承制和君权至上的观念，所以若敖氏对历代楚王来说都是大威胁。

让我们学习敌人吧！

山居耕田苦。难以得食。起而为吏。

身贪鄙者余财。不顾耻辱。身死家室富。

又恐受赇枉法为奸触大罪。身死而家灭。贪吏安可为也。

念为廉吏。奉法守职。竟死不敢为非。廉吏安可为也。

——（先秦）无名氏《优孟歌》

从总体上来说，楚国一直处于被晋国压着打的局面。这种屡战屡败的局面让楚国的贵族产生了改革的欲望。

要想改革，首先需要找到一位可以执掌全局的能吏。

孙叔敖出身于蒍氏，家族早就没落，年少时非常穷困，不过为人好学善良，很受周围人的尊敬。当时，楚国北部地区的淮河泛滥，灾害频发，孙叔敖就毛遂自荐，做了一名治水的小官吏。

治水的经历让孙叔敖积累了大量的政治管理经验，深刻认识到楚国的民间疾苦和社会问题，也让孙叔敖声名鹊起。

经过虞邱子的举荐，孙叔敖得到楚庄王的重用。度过一段时间的“实习考察”期后，周定王八年（公元前 599 年），孙叔敖升为令尹，辅佐楚庄王开始改革。

首先是兴修水利，发展农业。芍陂原来是一片低洼地，孙叔敖就发动民夫数十万人，修筑堤堰连接东西的山岭，开凿水渠引来河水，造出了一个人工大湖。有水闸可以调节水量，既防水患又可以灌溉浇田，从而振兴了楚国的经济。孙叔敖还劝导百姓利用秋冬农闲季节上山采伐竹木，再在春夏多水季节通过河道运出去卖掉。这样使资源得到合理利用，也利于国家富足和百姓生活的改善。在孙叔敖的治理下，楚国很快出现了一个“家富人喜，优赡乐业，式序在朝，行无螟蜮，丰年蕃庶”的局面，彻底改变了靠天吃饭的耕作模式。

其次是整顿市场。当时楚国市场上的钱币比较混乱，各种仿贝钱币都在流通，也有些地方用金银进行交易，在一些偏远的地区则是以物易物，其中最高级别的是贝壳形状的铜币，叫作“蚁鼻钱”，也称为“鬼脸钱”。楚庄王觉得钱币混乱不利于市场交易，下令铸造大币。这种大币仿照晋国刀币铸造，不为老百姓所喜欢，而且面额超过价值，发行和使用让百姓特别是大商人们蒙受了巨大损失。于是一些商贩纷纷放弃商业经营，市场萧条起来，甚至有一些国人不愿意在城市里居住谋生。这次币制改革影响了社会的安定，反馈到孙叔敖那里后，立马说服楚庄王进行了调整：恢复原来的币制，不过选择发展程度最高的货币蚁鼻钱作为官方铸币，其他所有的货币都用蚁鼻钱进行换算。这种做法让市场迅速繁荣起来，楚国的商业也得到了进一步的发展。

最后，孙叔敖还主导了楚国的军事变革。当时，全“天下”最强大最先进的军事国家是晋国，孙叔敖学习晋国的军事制度，选择其中适合楚国的部分，制定了楚国的军法，让楚国的军队有统一的法令可依；他严格制定军事奖惩制度，根据庄王的命令，选择提拔了一批中小军事贵族将领；他还改革楚国的战车，让其更适合在北方平原上作战。

改革过程中，孙叔敖非常善于通过变通来推行政令。在战车变革过程中，楚庄王认为当时楚国的车子太小，于是打算下令全国一律改造高大的车子。孙

叔敖劝谏，提出若以命令行事，会招致百姓反感，不如把都市街巷两头的门槛做高，让低小的车过不去，这样一来人们就会自觉制造高车了。

孙叔敖成功地改革楚国，既和楚庄王的支持分不开，也和其个人魅力分不开。

孙叔敖第一次做楚国的令尹时，整个都城官吏和百姓都来祝贺这个新贵。有一个老人，穿着麻布制的丧衣，戴着白色的丧帽，最后到场。孙叔敖整理好衣帽出来接见了他，对老人说："我今天得以担任令尹，人们都来祝贺，只有您来吊丧，莫不是有什么话要指教吧？"老人说："是有话说。当了大官，对人骄傲，百姓就要离开他；职位高，又大权独揽，国君就会厌恶他；俸禄优厚，却不满足，祸患就可能加到他身上。"对方身份卑微，行为诡异，可是孙叔敖觉得他说得有道理，反而将他引入府邸，拜他为老师。

在担任令尹期间，孙叔敖轻车简从，吃穿俭朴。秉承着这种理念为相，楚国飞速发展，而这位令尹家徒四壁，死时连买棺木的钱都无法凑齐，他死后其子靠砍柴度日。

称一下国家到底有多重

太皞御气，句芒肇功。

苍龙青旗，爰候祥风。

律以和应，神以感通。

鼎俎修蚤，时惟礼崇。

——（宋）包佶《郊庙歌辞·祀风师乐章·迎神》

对楚国来说，改革和发展的目的是在和晋国的争霸战中获得胜利。楚庄王在位期间，楚国先后多次北上和周王室（实际上由晋国把持）争夺“王”的封号，其中最为典型的事件是“楚王问鼎”。

知识链接 鼎

制造鼎需要大量的蜡来制造模具。在春秋时代，蜡只能从蜂巢中获得。而蜂巢分布稀疏，只有土地面积足够大、人手足够多，才可以从蜂巢中搜集足够多的蜡来制造鼎。可以说，在先秦时代，铸造鼎就是“国家工程”。楚王说可以自己铸造九鼎，是一种外交辞令。

周匡王三年（公元前610年），晋楚两国经过十多年的休养生息，重新做好了战争的准备。南方，楚庄王平定了内乱，整顿了政治，各项事业方兴未艾，这个野心勃勃又急需威望的君主需要对外战争的胜利来确定自己的权威。北方，元帅赵盾一直把持着国家政权，稳定了国内外的局势，虽然和逐渐长大的晋灵公矛盾不断，但是也并没有发展到不可调和的地步，一代名臣也需要对楚国的胜利让自己名留青史。

这年秋天，晋荀林父、卫孔达、陈公孙宁、郑石楚等率领军队讨伐宋国——宋之前发生了一次弑君事件，晋作为霸主有义务“匡扶正义”。讨伐宋胜利后，联军照例举行会盟，可是晋国拒绝郑国使者参加会盟，原因是郑国和楚国过往甚密，而且在这次作战中不努力。这让郑国国君穆公吓破了胆，他赶紧派人送信给赵盾，说：“居大国之间而从于强令，岂其罪也。大国若弗图，无所逃命。”——不是我对晋国不忠诚，实在是处在楚国边上没有办法啊！随后，晋国虽然勉强答应了郑国的结盟要求，但是明眼人都能看出来，很快晋国就要开始对郑国的讨伐了，而这就是晋楚争霸战中的信号——战争总是因为郑国爆发。

周匡王四年（公元前 609 年），感受到楚国蠢蠢欲动的北上锋芒，郑穆公被迫撕毁了和晋国的盟约，投入楚国的怀抱，并公开声明说：“晋不足与也。”——不是我想背叛，实在是晋没有楚国强啊！不久，陈国国君更替，因为楚国的使者在老国君葬礼上“不礼”，新君登位后立马撕毁和楚国的盟约，与晋国结盟。郑国、陈国在南北之间的摇摆加剧了晋国、楚国的矛盾，战争不可避免地爆发了。

周匡王五年（公元前 608 年），楚国进攻陈国，在围困陈国国都后，又分兵北上继续进攻宋国。陈、宋不能阻挡楚军的锋芒，向晋国求援。

面对楚国的挑衅行为，赵盾很快做出反应，汇合宋、陈、卫、曹等国君在棐林（属于郑国范围）地区，集结军队，准备进攻郑国国都，来吸引楚国的目光。消息传出后，楚军也迅速做出战略调整，集结所有军队救援郑国。最后，楚国率领的南方联军和晋国率领的北方联军在北林（郑国国都北）相遇。

双方都没有一举夺取胜利的把握，所以在主力形成对峙局面后，都不约而同地派出军队扩大战场，希望形成局面优势。

楚国偏师围困宋国睢阳城，宋国无力救援，就派使者向晋国求救。晋君想立马答应，身边的大臣进谏说："天方开楚，未可伐也！"——我也想救援宋国，可是目前局势主动权在楚国那里。于是晋国君臣想出一个主意：让使者传达晋军已经出发的假消息，让宋国人拼死抵抗，让攻城战消磨楚军的锐气，然后晋军登场，攻击兵疲的楚军。

然而晋国使者大夫解扬走在半路上不幸被俘获，然后被送到了楚庄王跟前。楚王威逼解扬对宋人诳说晋国根本不能救宋（楚庄王无意中说出了真相），解扬假意答应了，还高兴地在楚营中饱餐了一顿，接受楚庄王的赏赐，可是他到了宋国睢阳城下，却反悔了，按照晋君的意思告诉了宋国人。

楚庄王大怒，认为他不守信用，要斩杀解扬。解扬大义凛然地说："我根本没有失信，作为晋臣的我如果取信于你楚王，必然失信于晋君。假如楚国有一位大臣公然背叛自己的君主，取悦于他人，你说这是守信用还是不守信用呢？"楚庄王听后沉默一阵子，然后感慨地说："解扬真是个忠臣啊！"当场就放了解扬回国。解扬回到晋国后，也得到了晋君的称赞和赏赐——楚王和晋君的表现说明争霸战是相互比聪明，而不是比谁更烂。

宋人得到解扬的信息后，更加死守，楚庄王意识到不能得到什么成果，就撤兵回国了。此时，晋军则偏师攻击秦国的附庸小国崇国，希望将秦军拉入这滩浑水，小败后向秦国求和，趁机稳定西线，可是秦国没有做出反应，而崇国人也拼死抵抗，所以晋军也很快退兵了。

这次棐林之战虎头蛇尾地结束了，陈国、郑国并没有改变自己的战线，楚国、晋国也没有分出一个胜负来，所以很快后续战争就爆发了。

周匡王六年（公元前607年）春，受楚国的命令，郑国派公子归生率领军队攻打晋的铁杆盟友宋国，而宋国则派出大夫华元、将领乐吕率军队抵抗。宋、郑是毗邻的二流国家，没有多大的战争腾挪空间，所以两军迅速进入交战状态。

华元准备与郑军开战时，杀羊犒赏士兵，所有的士兵都获得了羊肉的犒赏，只有他的车夫羊斟（宋国的小贵族）没有吃到羊肉羹。羊斟认为华元这是故意羞辱他，所以心生怨恨。第二天，两军交战时，羊斟说："昨天的分羊，是你做主；今天的打仗，是我做主。"在华元还没有反应过来之前，他就径直驱车冲进郑国军阵，导致华元被俘。主将被俘虏，宋军立马混乱起来，被郑军杀得大败，连副将乐吕都战死了。

本来盟友宋被楚国盟友郑国欺负，晋国应该立马起兵报复，可是此时晋国后院起火，和秦国发生了两次小规模战争。等稳定秦国后，元帅赵盾匆忙率军攻击郑国，然后又在楚军来临前灰溜溜地撤走了——所有人都知道，此次对郑国的征伐是晋国象征性的军事行动，它已经没有能力正面对抗楚国了。

周定王元年（公元前606年）春，楚庄王亲率大军北上，一路攻城略地，直抵周都洛邑附近，在周王室边境举行了一次军事演习示威。周天子慌忙派大夫王孙满抚慰楚庄王。楚庄王向王孙满询问九鼎之大小、轻重，表达出"逼周取天下"、自己取而代之的意思。王孙满回答："在德不在鼎。"委婉表示楚国取代周王室的时机并不成熟。

楚庄王也意识到自己并没有正面击溃周王室最大依靠晋国的能力，只不过是在这场争霸战中暂时领先，所以很快就退兵了。

无法磨灭的“赵盾弑其君”

伊尹之忠，不必至是，

演而数者，勉诚节也；

赵盾之逆，不必至是，

抑而书者，诛贼臣也。

——（唐）李邕《兖州曲阜县孔子庙碑（并序）》

楚王能够问鼎中原的原因一方面是楚国的强大，另一方面则是对手晋国因为内乱而国力衰弱。问鼎之战中，晋国来不及救援家门口的周王室，并不是因为晋军没有力量和楚军作战，而是晋国人正忙于处理国内的混乱。

这次混乱是楚庄王一生最大的对手、晋国元帅、著名政治家、战国赵的奠基人赵盾引起的。

赵盾是晋文公的近臣赵衰的儿子，一步入政坛就因为是赵衰的儿子，根正苗红，而得到晋襄公的重用，从执政大夫兼中军佐（相当于国防部长兼国家发改委主任）的高起点做起。一年之中，地位比较高的几个老臣相继去世，因为阳处父（晋国大臣、赵衰的朋友）的推荐，赵盾迅速升任为中军元帅（相当于国务院总理）。赵盾升为中军元帅没有几个月，晋襄公因病逝世，死前任命赵盾为顾命大臣——这等于是直接将整个晋国交给了赵盾。

不久，在赵盾的支持下，公子夷皋继位，是为晋灵公，当时年仅四岁，所以依照晋国的法律，国家所有的权力都理所应当转移到根正苗红的中军元帅赵盾手中。

周襄王三十二年（公元前620年），秦国军队支持公子雍（晋襄公的弟弟，一直在秦国）回国，争夺晋国国君之位。此时因为消息传播速度的限制，秦国并不知道晋灵公已经登位，所以入侵晋国的军队数量虽多，但是都是在行军，并没有作战的准备。面对这种情形，赵盾对其他五卿说："我们如果接受秦国护送的公子雍，那么秦军就是我们的朋友；如果不接受，那么秦军就是我们的敌人。"本来是可以协商让秦国退兵的，但是很显然，赵盾的逻辑就是不和秦国妥协。

因为赵盾大权在握，所以晋国依照赵盾的意志，六位卿齐出，半夜出动，打了秦军一个措手不及，是为令狐之战。虽然令狐之战获得了胜利，让秦国人在几年中丧失了威胁晋国的能力，但是赵盾的这种"卑鄙"行为也彻底葬送了曾经的"秦晋之好"，为此后晋国西线连绵的战火埋下了伏笔。

此次胜利奠定了赵盾的权威，他开始了晋国国内的改革——成文法改革。

在赵盾之前的时代，晋国的法律是传统法，并没有一部明确规定的法律。赵盾认为："任何法律如果不公布在明处让所有人知道，就不是好的法律。"史书记载，自担任执政的那一天起，赵盾就制定章程，修订律令，清理诉讼，追捕逃亡案犯，使用契约，治理政事中的弊端，恢复贵贱制度，重建已废官职，提拔屈居下位的贤能。在行政方面，他明确了官员等级制度和职位名称，并规定了每个官职的权利和义务；在刑事方面，则清查历年来的案件，甚至一度让监狱里没有犯人；在民生经济方面，他重视契约精神，提出每一份商业交易都需要签订协议的主张；在人员选拔上，他从各个阶层选拔人才，特别是重用一些中小贵族。

赵盾的改革非常细致，他甚至规定了在晋君宫廷中办公时，每一顿饭的菜都是两只鸡。同时，他的改革也非常功利，他利用改革的机会大力排挤其他卿和老臣，形成以自己为中心的权臣集团。

▲ 赵盾

夏天太阳一样的赵盾，才情万丈而又简单粗暴，这种施政风格很快招致其他臣子的反对。当时，先克是赵盾的腹心，为人张狂霸道，在赵盾的支持下担任中军佐一职。他位高权重，盛气凌人，强抢了老牌中层贵族蒯得的田地。这一行为是个导火索，直接点燃了反赵同盟对赵盾的战争。

周顷王元年（公元前 618 年），忍无可忍的先都、箕郑父、士縠、梁益耳、蒯得等人联盟，决定报复并驱逐赵盾。他们先派刺客刺杀最遭人厌恶的先克，然而未等到他们再次行动，赵盾敏锐地从先克被刺事件察觉到事情的严重，下令彻查，结果先都、梁益耳首先落网，赵盾不经过司法审判就杀之——这等于是赵盾打破了自己确立的成文法。此后，赵盾将打击范围扩大，穷追猛打，其他反赵同盟成员也先后落网。

当时，晋灵公的母亲穆嬴对赵盾不怀好感，甚至有人猜测这次反对赵氏的同盟其也有参与。为了平衡国家内部权力需要，穆嬴想以太母之尊保住几位老臣，结果反对无效，赵盾在程序上没有得到国君的首肯就将几位老臣公开处死。

此次政治争斗彻底奠定了赵盾在晋国中无可争辩的统治地位，很快以赵盾为核心的赵家内阁成立了。新的六卿名单中，除了一直没什么存在感的荀林父外，郤缺、臾骈、栾盾等人要么是赵盾的死党，要么是赵盾的家臣。然而，这次政变也彻底让赵盾和晋国公室决裂。

对内，赵盾以强硬的态度对待政敌；对外，赵盾也率领晋国积极地应对争霸活动。虽然经过河曲之战对秦国的失败，北林之战对楚国的失败，但是在晋国的强大国力支持下，在赵盾手中，晋国并没有丧失霸主权杖。

周匡王元年（公元前612年），赵盾率军讨伐不顺从霸主命令的齐国，行军途中，突然传来国君要退军的消息。赵盾一头雾水，撤军回去一问，才知道晋灵公拿了人家的钱，这个真让赵盾难以下台，更要命的，这是点明了告诉天下人，晋国君臣不和。自齐国开了这个不大不小的玩笑后，几乎中原诸侯都知道晋灵公比赵盾好说话，于是大家的胆子都大了。我们是怕赵盾，但是赵盾怕晋灵公啊。哪怕捅出了天大的娄子，只要贿赂下他们的国君，他拿人钱财，为人消灾。而且这招屡试不爽。就这样，晋国的霸权被人们嘲笑不已。反正晋灵公不管，他们笑的是赵盾，让他们知道晋国还是我说了算。

国君在国际上让赵盾难堪，在国内也是坏小鬼。为了满足自己的穷奢极欲，大造宫室豪宅，加重人民的负担。晋灵公不但荒诞还很残暴，他就喜欢站在高台上用弹弓射击过往的行人，看着人们抱头鼠窜的样子乐此不疲。

有一天赵盾与士会准备去觐见晋灵公，看到几个宫女抬着个簸箕，外面露出一只手，一问才知道是灵公在草菅人命。士会、赵盾尽职尽责，劝晋灵公要如何如何的勤政爱民，并随后处死了晋灵公身边的侍从。这件事情让晋灵公直接起了对赵盾的杀心。

不久晋灵公先派遣杀手行刺。杀手天还没亮就潜伏到赵盾的住处，准备动手，结果看到赵盾那么勤政，大清早就起来，整冠束带，准备去进谏国君。这位杀手大受感动，主动献身说："我听从国君的命令来杀你，但是我不能伤害贤臣。"于是自杀了。

晋灵公一计不成又生一计。设宴款待赵盾，席间派刀斧手放恶狗，赵盾的车右提弥明与晋灵公阵中一个叫灵辄的人拼死保护赵盾，赵盾得以逃脱。

忠臣做不了，那就当一个权臣吧！

本来还打算相忍为国的赵盾再也忍受不下去，就主动“流亡”了。

等到赵盾离开，晋灵公还未来得及弹冠相庆，失去赵盾约束的赵氏党羽就把晋灵公给杀死了。当时，大臣们畏惧赵盾的权势，也厌恶晋灵公的残暴无能，国内没有一个为死去的国君说话的。

赵盾接到消息，迅速返回新绛，主持朝政。很快，在赵盾的拥戴下，公子黑臀继位，是为晋成公。

事情的经过就是如此，赵盾既没有动手杀灵公，也没有参与谋划杀灵公，史官记载“赵盾弑其君”，因此他觉得自己很冤。史官董狐向他解释道：“你作为正卿，国家的执政，流亡却又不跑出国境，回来又不诛杀凶手，那么你就是真正的凶手。”赵盾对此无可奈何。后来，孔子也认为董狐写得好，尽管他也认为赵盾是“良大夫也，为法受恶”，可惜赵盾“出疆乃免”。

纵观史书，赵盾没有什么做错的。然而这也是他的悲哀，在封建时代，一个臣子没有做错，也不代表他做对了。所以直到今天，“赵盾该怎么做”还是经久不衰的历史话题。

“其无后乎”的诅咒

土反其宅！水归其壑！昆虫毋作！草木归其泽！

——《礼记·郊特牲·蜡辞》

如果说上节中孔子的评论是事不关己的“路人说”，那么同为晋国大臣的士会的预言是如此恐怖：“赵盾对晋国是有功劳啊，然而他的儿子们却没有，他们在晋国只种下了怨恨（杀了国君）。在赵盾儿子的时代，人们会记住赵盾的好，而忘记他儿子们的坏。然而等到赵盾孙子的时代，赵盾的好远去了，而赵盾儿子们的坏被牢记了。赵家的灭亡还能逃避吗？”

这就是“弑其君者，其无后乎”的可怕预言，而这个预言很快应验了。

赵盾死后，赵氏依然把持着晋国大权，但是声势大不如前。

周定王二十一年（公元前586年），赵盾的儿子赵朔死后，赵氏大权为赵同、赵括把持。此时，赵朔遗孀赵庄姬守寡，赵朔的叔叔赵婴齐经常出入赵朔家中，照顾赵庄姬。不久就传出两人关系暧昧，随之而来的自然是铺天盖地的通奸绯闻。这件事情很快引爆了赵氏内部的动乱，赵同、赵括将赵婴齐流放到齐国。

赵氏流放赵婴齐正中赵家的政敌栾氏下怀，赵氏的力量削弱，且与晋景公（赵庄姬为晋景公的姐姐）的裙带关系也被剪断，赵氏的危机再度加深。然而，赵同、赵括仍然不知检点，“手抱千金入闹市”，到处招摇。

周简王三年（公元前583年），赵庄姬向弟弟晋景公检举赵氏说：“原、屏将为乱！”晋景公觉得事出突然，就咨询执政栾书，想问清事件的真伪，栾书早已对赵氏恨之入骨，为使晋景公坚信不疑，拉郤锜一同为赵庄姬作伪证，晋景公也因为赵氏曾经弑君而非常厌恶赵氏，顺水推舟“确定”赵氏将反，于是号召诸卿大夫共诛反贼。

赵氏本就是晋国实力最雄厚的世卿大族，强大异常，但是也不能和整个晋国相抗衡。于是在晋景公的号召下，诸卿各自出兵协助国君攻打赵氏于下宫，赵同、赵括被杀，赵氏大宗（赵盾的直系子孙）被灭，赵庄姬因是国君的姐姐而幸免于难。

在赵氏被灭的悲剧中，闪现了中国彪炳千古的忠义故事。故事的主角是赵朔的门客公孙杵臼和程婴。

赵朔死后，这两个人聚到了一起。公孙杵臼质问程婴：“你为什么偷生？”程婴说：“赵庄姬正在怀孕，若生下来是个男的，就把他抚养成人，报仇雪恨；若是个女的，我就彻底失望了，只好以死报答赵氏知遇之恩。”不久，赵庄姬就分娩了，生下个男孩。

屠岸贾（晋景公派出来的行动人）听说了，带人到下宫来搜索，没有找到赵氏母子。

母子俩逃脱这次劫难后，程婴对公孙杵臼说：“屠岸贾这次没找到孩子，绝对不会罢休。你看怎么办？”公孙杵臼一腔血气地问：“育孤与死，哪件事容易？”程婴回答：“死容易，育孤当然难。”公孙杵臼说：“赵君生前待你最好，你去做最难的事情。让我去做容易的事情，我先去死吧！”

恰好程婴的儿子也刚出生，程婴含泪采取了调包之计，将自己的孩子抱上，与公孙杵臼一齐逃到了永济境内的首阳山中。让妻子带着赵氏孤儿朝另一个方向逃去。屠岸贾带领搜捕的人来了，程婴就假装投降，带路找到隐匿山中的公孙杵臼和婴儿。

公孙杵臼当着众人的面，大骂程婴，最后和程婴的儿子一起被剁成肉泥。

程婴身负忘恩负义、出卖朋友、残害忠良的“骂名”，偷出赵氏孤儿来到了山高谷深、僻静荒芜的盂山隐居起来。

这一隐居就是十五年。十五年后，赵氏孤儿终于长成了顶天立地的汉子，成为一代名臣赵武（赵文子）。

周简王五年（公元前 581 年），晋景公梦见厉鬼，忧郁成病，让人占卜，结果说：“赵氏有功于国，而遭到灭亡，这是赵氏的厉鬼在索命。”于是年老的晋景公就打算为赵家平反。

此时，大臣韩献子猜到了晋景公的心思，也感激昔日赵盾的知遇之恩。当年举国攻打赵氏时，他毅然顶住强压，拒不出兵，现在抓住了机会，大胆直言：“赵氏，先贤伯益之后。自中衍以下，嬴姓显贵。赵衰佐文公、赵盾佐襄公，皆社稷之臣，有大功于晋。奈何一朝获罪，而绝其嗣？就算赵家有这么大的罪过，现在也恕罪了。君上何不怜悯赵氏，让所有的国人都感受到君上的威严与恩德呢？”

晋景公于是顺水推舟，恢复了赵氏孤儿赵武的贵族身份。赵武重新回到晋国政坛的第二天，得以恢复名誉的程婴就白衣赴死，自刎在公孙杵臼的墓前，这两个人的故事感动了整个晋国。程婴死的时候，整个晋国的贵族都为他送行。

半年后，晋景公猝死，太子州蒲嗣位，是为晋厉公。在晋厉公时代，根据古代的血仇法则，晋国公室和赵家一报还一报，早就算清了，所以晋厉公公平对待赵氏。不过，赵氏和栾氏的恩怨还没有算清……

宋郑两国的不同遭遇

巨星煌煌，照耀古今；高瞻远瞩，虑广思深，举措得宜，丰功伟勋；高风仰止，春秋一人！

——（明）无名氏《子产之碑》

春秋时代历史的主旋律就是晋楚争霸。有意思的是，面对相同的“国际环境”，宋郑两个国家因为国民性格不同，而有着不同的遭遇。

这种不同可以高度概括成一个成语——郑昭宋聋。

楚庄王派大夫申舟出使齐国，商量两国联军对付晋国的事情，并吩咐说：“不要向宋国借路。”同时，楚庄王又派公子冯到晋国进行友好访问，也不让向郑国借路。

此时楚国和郑国、宋国都处于敌对关系。申舟害怕，就对楚庄王说：“郑国是明白的，宋国是糊涂的；去晋国的使者不会受害，而我却定会被杀。”楚庄王说：“要是杀了你，我就攻打宋国。”申舟把儿子申犀托付给楚庄王后就出发了。

申舟到了宋国，宋国就把他扣留了。宋国太宰华元说：“经过我国而不向我们借路，这是把我们的国土当成了楚国的边邑啊！把我国当成楚国的边邑，就是亡国。杀了楚国的使臣，楚国一定会攻打我们。攻打我们也是亡国，反正都是一样亡国，为什么不坚持原则，先出口恶气呢？”于是便杀了申舟。

公子冯到了郑国，被郑国人知道了，他们把他当作路人甲，无视着让他去了晋国。

两者不同的国民性格是历史和文化造成的。

郑国因近于周室，保守周制，也是个公族执政的国家。它是春秋第一个小霸主国，也就是第一个“变革”的国家，从历史上就乐意变通。到春秋后半期，郑国因连受晋、楚两国军事和经济上的压迫，弄得民穷财尽，盗贼蜂起，甚至戕杀执政，威胁国君，同时卿族专横，互相嫉视，内乱迭起。所以，郑国的内政相比他国格外难治。

幸而“时势造英雄”，出来了一位政治家叫作子产，由他来勉强维持危局。子产也是公族出身，是郑国公子子国的儿子。子国殉了国难，他嗣位为大夫。因为子产特别能干，被执政子皮看中了，把大权交给了他，委托他治理艰难的国政。他细心观察当时的国势，任用贤才，善修辞令，以应对诸侯。宽待贵族而以猛治民，严禁寇盗，同时开放舆论，以集思广益。

他先后定出了三种重要的制度：第一是划定都鄙的制度，制定田疆，开浚沟洫，设立五家为伍的保甲制度。第二是创立丘赋的制度（据说一百四十四家为一丘，每丘出兵赋若干，这与鲁国的改制相同），以增加国赋。第三是铸造刑书，以镇压奸民。第一点可以说是整理乡制，开发农村；第二点可以说是充实军备；第三点是成文法的公布。这三点都是针对当时郑国情势而建立的，是一种近于后世法家的政治计划。这三条政策基本上代表了春秋时代政治变革的最高峰。

不断地适应时代，进行变化，这让郑国能在晋楚争霸的背景下成功存活到战国时代。

而宋国其实是个不大不小的国家，比小国大，比大国小，是二流国家中的第一名。宋国是商朝的后代，当初周朝灭了商朝，周公优待他们，封他们为公爵，而且不用进贡。所以，宋国人一向自称“我们是周朝的客人”，自我感觉超好，自尊心超强。所以，宋国人绝对不干“曲线救国”的事情。

宋国人的口号是：独立自主，永不结盟。

历史决定的“郑昭宋聋”的国民性格下，郑国成为老牌投降国，而宋国则是死硬的“顽固分子”。

有人统计过，城濮之战前，郑国属于楚国阵营。周襄王二十年（公元前632年），城濮之战以晋国胜利告终，郑国参加践土之盟会——大规模晋楚争霸战开始，倒向晋国，第一次背盟。到周灵王十年（公元前562年），晋联合诸侯攻郑，在萧鱼结盟——大规模晋楚争霸战结束，郑国第二十二次背盟。

春秋战国时期，非常重视信誉，盟是双方的信义约定，而神明是见证人。然而在郑国的舌辩之士那里，背信弃义则变成了光荣和正义的事情。

楚共王攻打郑国，郑国的形势很危急，国相子驷打算同楚国媾和，子孔说：“我们和晋国这样的大国歃血盟誓，血迹未干，怎可背盟呢？”子驷说：“我们的盟誓本来就是说‘唯有跟从强大的国家’，现在晋国不来援军，楚国围攻我们，那么楚国就是强大的国家了。况且同晋国盟誓是在武力胁迫之下举行的，神灵只会保佑那些诚信的盟誓，而斥恶那些在要挟之下举行的盟誓。因此，我们背弃同晋国的会盟不仅可以，而且还会得到神灵的同情和保佑。”子驷的这一番话把其他人说得哑口无言。于是，子驷理直气壮地同楚人结了盟。

因为郑国太好欺负了，每次来都能让它屈膝投降。上一章讲过，与霸主国缔结盟约是要付出代价——“成”的。既然来就能有收获，所以晋国和楚国都乐意攻打郑国，所以整个春秋时代，郑国遭受的小规模入侵从来没有中断过，可是却从来没有发生过惨烈的攻防战。

相反，宋国人在春秋时期是打硬仗最多的国家。宋国的南面就是楚国，宋国人瞧不起楚国人。楚国人很生气，所以经常来打宋国。可是宋国人就会拼命守城，绝对不投降。

春秋时期几次著名的围城战争，都是楚国包围宋国首都睢阳。

楚成王曾经率领军队包围宋国数月，宋国顶不住了，于是向晋国求援。晋国出兵，就有了晋楚之间的城濮之战，揭开了晋楚争霸的序幕。

"申舟借道"故事的后续可以想象得到。楚庄王兑现了自己的诺言，派出了楚军包围宋国，宋国向晋国求救，晋国不敢对抗楚国，只是派人忽悠宋国"顶住，我们就来了"。这一回，宋国被围了五个月，悲惨到了"易子而食"的地步。最终，宋国人还是投降了，被迫签订了"城下之盟"。

不过，春秋时代，战争是要"成"这个目的的。像宋国这样，就算是签订了盟约，因为国家残破，国民满腹仇恨，也不会支付多少"成"。而因为尽到了抵抗的职责，所以它的背盟也会被别国理解。

知识点思考 为什么使者不公开身份会引发外交危机?

春秋时代，使者代表的是国家，其身份在别的国家就是国君。而一个国君所在的地方就是这个国家的土地。春秋早期，燕国君送齐桓公出境，齐桓公就把这块土地直接划给燕国，就是遵守这个礼节。春秋时代的外交充满着古典味道，使者的一举一动都被周礼严格规定着。

第五章

百年战争：战争带来文明飞跃

生产力发展带来的初税亩改革

别梦依稀咒逝川，故园三十二年前。
红旗卷起农奴戟，黑手高悬霸主鞭。
为有牺牲多壮志，敢教日月换新天。
喜看稻菽千重浪，遍地英雄下夕烟。

——毛泽东《到韶山》

在风起云涌的争霸时代，曾经的老牌诸侯国逐渐没落，沦为二流国家，在新兴霸主的威严下苟且偷生，可是这并不意味着它们就丧失了雄心壮志。春秋乱世，每一个国家的有识之士目睹了各个小国的先后灭亡，无不日警夕惕，在惴惴不安中寻找着让国家强大的道路。

鲁国就是这么一个国家。

西周初年分封诸侯，周公旦的封国就是鲁国。在周公旦的领导下，鲁国建设成了周朝的样板诸侯国，是天下第一诸侯国，其政治经济体系是封建体系的典范。鲁国国君将从周天子那里获得的土地分给卿大夫，卿大夫对土地继续分封，最后形成“公食贡，大夫食邑，士食田，庶人食力”的模式。与此同时，鲁国有着非常严格的户籍制度，将土地与农户紧紧地捆绑在一起，在土地分封时，将农户也分封到了各级土地所有者手中——这就是当时所讲的“授民授疆土”。所有的百姓不得迁徙。他们必须无偿地为鲁国贵族耕种公田，并承担繁重的劳役和地租——在春秋时代，野外都是野兽，一个人脱离集体是无法生存的，所以百姓无法逃亡。

▲ 春秋牛角形耳云纹铜鼎

随着生产力的发展，百姓的开垦和耕作能力越来越强大，所以各个贵族在原来国君分封的土地周边又不断开垦，名义上是国君权力范围，实际上全为贵族所有的私田。

鲁国东面是死敌齐国，而且是一个不可战胜的齐国。在春秋时代，鲁齐相处模式是这样的：齐国需要扩张——进攻并打败鲁国——鲁国向霸主国求救——霸主国讨伐并打败齐国——齐国表示服软，吐出一部分利益给霸主国。两百年的时光中，“日削月割，以趋于亡”，齐国已经将鲁国打得奄奄一息了，可还是虎视眈眈地想要鲁国的命。

鲁国其他几个方向都是和自己同病相怜的二流诸侯国：卫国、郑国、宋国。卫国多奇葩，基本上都是在闹内乱，各种国君大臣花样秀逗，暂且不提；郑国是老牌的投降国，在晋楚之间来回摇摆，疲于奔命，好好的一个小霸国最后变成了二流国中的垫底存在；而宋国的遭遇更是深深震撼了鲁国。

宋国的爵位最高，曾经的君主宋襄公甚至想做霸主，可见宋国国力之强。可是这么一个爵位高的国家最终被彻底被打落至尘埃，而鲁国全程目睹了这个过程。

周定王十三年（公元前 594 年），楚国再次进攻宋国，围困宋国的都城长达五个月。到最后，宋国的百姓析骨而炊，易子而食。虽然宋国也派出了使者向霸主国晋国求救，然而宋国却被晋国当成了消磨楚军锐气的棋子，被无情地抛弃了。此时的鲁宣公代表（孟孙氏）就在营帐中，全程参与了这次“作壁上观”的军事行动。

也许，鲁国君臣在谈起这次战争时，都会有一种“物伤其类”的战栗感吧！在《春秋》中，鲁国人的这种不安全感被描述为“朝不保夕”。

对鲁宣公来说，国内的局势也是不容乐观。从鲁桓公时代开始分封的三个宗室辅佐势力——“三桓”，到鲁宣公时代已经成了巨无霸的存在。经过“庆父作乱”的几十年混乱，鲁国国君的权威坠地，而孟孙氏、季孙氏和叔孙氏则在动乱中侵夺属于国君的权力并不断发展。当时，列国之间形容鲁国说：“叔出季处。”意思是叔孙氏负责鲁国在列国之间的外交，而季孙氏则负责鲁国内政，这两块国家权力完全脱离国君的控制，全部由“三桓”掌握。

私田的发展对士大夫来说是有利的，而对国君来说是不利的。“天下之大，莫非王土”，在周代，荒地、沼泽、山林如果没有分封，那么默认就是君主的，而现在士大夫们开垦私田，就是侵夺了国君的领土。鲁宣公对“三桓”明面上把持国家权力、暗地里蚕食君主领地的行为毫无办法。

既然无力应对，只能随波逐流！

周定王十三年（公元前 594 年），在鲁宣公的推动下，鲁国开始实行初税亩改革：“公田之法，十足其一；今又履其余亩，复十取一。”意思是在原有的公田征税基础上，再次加征百分之十，这部分税收由私田承担。此次改革让鲁国的财政收入大幅度增加，也更加促进了鲁国百姓拓荒开垦的热情，极大地促进了鲁国的生产。消息传出后，晋国、

▲ 春秋百乳铜鉴

齐国、楚国纷纷效仿，也开始对私田进行收税。

在初税亩改革获得成功后，鲁国不久又推行了“作丘甲”的兵制改革。“九夫为井，四井为邑，四邑为丘，四丘为甸”，和井田制相配合的是，在“丘”这个层级的行政单位上，从西周初年开始，就规定四丘民就必须承担一乘的兵役任务，称为军赋。一乘车由三个甲士（职业军人）和七十二个步兵（后备军）构成，随着战争规模扩大，这种兵役制度不能满足战争对士兵数量的需求，于是鲁国改成每丘出一个甲士，二十四个步兵构成一个小的“乘”，作为最基本的战斗单位。这次改革既增加了鲁国的作战士兵数量，也细化了作战单位，加强了军队战斗力。

然而鲁国的改革都是自上而下的，只不过是被动地变革，所以并不能带给鲁国狂飙突进式的国力增长。而且因为“三桓”势力带来的鲁国内政混乱，改革的效果大打折扣，反而是随着改革的推广，在晋国、秦国等充满活力的国家，不分私田公田统一征收税赋的变革获得了巨大的成功，这次兴起于鲁国的改革大浪在战国时代的商鞅变法中抵达高潮。

知识点思考 为什么鲁国初税亩改革能获得成功？

对国家来说，财政收入增加了；对国君来说，能从已经丢失的权力（领土）中获得一部分收入；对大贵族（“三桓”）来说，侵夺国君领土的行为得到了默认；对中小贵族来说，开拓自己的私田得到了国家保证。可以说，初税亩改革成功的关键就在于整个鲁国的所有既得利益者都获得了自己的利益分成。而对平民百姓来说，无论改革前还是改革后，都一样为贵族耕作，与这次利益分配无关，所以不会支持也不会反对这次改革。

不是天子，也作六军

瞻彼洛矣，维水泱泱。君子至止，福禄如茨。韎韐有奭，以作六师。

瞻彼洛矣，维水泱泱。君子至止，鞞琫有珌。君子万年，保其家室。

瞻彼洛矣，维水泱泱。君子至止，福禄既同。君子万年，保其家邦。

——《诗经·小雅·北山之什·瞻彼洛矣》

作为弱国的鲁国都开始改革，强国晋国的改革更是从来没有停止过，特别是出于争霸战的需要，晋国一直在进行着军事改革。

周襄王七年（公元前645年），韩原之战结束后，晋国兵败，以至于“兵甲尽矣”，军事装备基本上都在战争中消耗了。为了及时补充武器装备，晋惠公的亲信吕甥就煽动国人说：“为了晋国下一次不再失败，我们需要更多的军队和兵器。”这个主张得到了其他人的同意。于是，当年晋国推行了“作州兵”的军事制度改革。

▲ 春秋兵器：钺

所谓州，是晋国的行政单位，相当于现在的“乡”。在更早的时期，只有居住在城里的“国人”才有当士兵的权利，而居住在郊外的“野人”没有资格作为士兵（披甲兵）。“作州兵”就是不再区分国人、野人，所有的百姓根据行政区域划分，承担兵役。这次改革让晋国有了足够大的征兵基数。

西周时代，天子作六军，诸侯三军。军队是礼仪制度的一部分，只有天子才能够设立六支军队，而诸侯国中最大的也只能拥有三支军队。这里的军是最大的作战单位，一军为一万两千五百人，天子拥有七万五千人的作战部队，其他诸侯则根据国家大小依次递减。晋国最开始不过是一个中等诸侯国，所以一直只有两个军，其余兵员都是不在编制的“非法武装”。

晋文公时代，首先确定了三军制。他扩大军队规模，将军从传统的一万两千五百人扩大到两万五千人，设立三个军，分别是上军、中军和下军，每个军设置军正、军佐各一人。这样晋国军队虽然名义上依然是诸侯所能拥有的三军，但是实际上比得上天子的六军，规模迅速扩大的军队保证了晋国对外战争的胜利。

除了扩大军队之外，晋国还设立武官统领职位，开创了原始的军事学校制度。在武官中，来自晋国公族和卿大夫家中的非嫡长子一方面作为国君卫士，保护国君安全；另一方面接受退役老军人的训练。这种军事学习制度保证了晋国有足够的中下级军官，这也是春秋时代晋国并没有什么名将，但是一直能获得胜利的原因——他们有足够数量的高质量中下级军官。

这种三军六卿的制度非常灵活，每一个军都有独立作战的能力。

▲ 组练甲

周灵王九年（公元前 563 年）冬，在以武力服郑后，晋国的三军轮番南下作战，不求取胜，只求速进速退，旨在疲劳楚军。征战过程中，晋始终掌握着战局的主动权，史载此为“晋三驾而楚不能争”。此后二十余年间郑再不曾叛晋，楚亦无力再与晋争夺郑、宋。打比方来说，晋国和楚国都是重量级的拳击选手，都能抵御对方的攻击，都无法彻底击倒对方，但是晋国更加灵活，利用多次打击赢得点数的方式，获得了争霸赛的胜利，而三军制度则是晋军灵活的保障。

周灵王十二年（公元前560年），晋悼公在绵上会盟时检阅部队，重组三军。他以中行偃（即荀偃）将中军，士匄佐之；赵武将上军，韩起佐之；栾黡将下军，魏绛佐之。军队裁撤中，六卿相互礼让，晋悼公从容论功行赏，和谐的气氛使晋国一片欢腾，君臣之间更为团结和睦。同时，从这个时代起，这六位卿大夫掌握三军也成为定律。三军六卿制一方面极大地激发了晋国贵族的战争欲望，另一方面也奠定了晋国甚至未来三百年内中国的政治格局。

周灵王十三年（公元前559年）春，晋、吴、齐、鲁、宋、卫、郑、曹、莒、邾、滕、杞、小邾等国在向地会盟。同年夏天，中行偃率领诸侯联军进攻秦国，以报栎地之败。晋悼公在国境线上督师，六卿率领军队进入秦国腹地。中军元帅中行偃要求继续进兵，下军将栾黡却率领下军私自回国，中行偃不得不下令全军撤退。而回国后，栾黡并没有受到相应的惩罚，这件事情说明兵为将有，晋国的军事改革中，士大夫牢牢把控着军权，晋国内部分裂不可弥合了。

除了在军事制度方面进行改革外，晋国还进行军事法律的改革。赵盾执掌晋国的时代就公布了军事法律，不过这些条文大多是约束士兵的，对贵族缺乏约束力。

周灵王二年（公元前570年），晋国大会诸侯，晋悼公借此夸耀他的地位和实力，而他的弟弟杨干却扰乱随从仪卫军队的行列。作为司马，掌管军法的魏绛冒死杀死了杨干之仆。此举震动当时，魏绛名声远扬。但晋悼公非常恼怒，认为魏绛戳辱杨干，是故意伤自己的面子，一定要处死魏绛。

魏绛执法时已考虑到后果的严重性，但为了整肃军纪，将自身利害置之度外。执法完毕，立刻上书陈述行刑的理由，说“军师不武，执事不敬，罪莫大焉”——出了杨干这样的事，说明军纪松弛，自己身为司马，应负责任。但在诸侯会盟这样的重要场合，如不执行军法，后果将不堪设想。杀死杨干之仆，我尽到了对晋国的责任，我现在将以死谢罪，以尽到对国君的责任。

看到了奏书，晋悼公急忙赤足出外，向魏绛道歉，还将其擢升为新军将佐，予以重任，让他负责制定适用于全军的法律。以此次事件为标志，晋国的军事法律进入新的阶段。

有意思的是，在晋景公时代，为了平息六卿之间的争斗，国君改革军制，将三军拆分为六军，每军减少到一万两千五百人，并设立十二卿来管理军队。可以说，这次改革是一次倒退，所以很快受到所有卿的抵制。并且天子才可以拥有六军，晋景公的这种行为无异于自比为天子，所以受到其他诸侯的一致“鄙视”。晋景公去世后，这次六军的尝试就终止了。

可以说，春秋时代晋国的强大与一直在进行军事制度变革的摸索和尝试是分不开的。

美女引起的大骚乱

东家之子，增之一分则太长，减之一分则太短；著粉则太白，施朱则太赤；眉如翠羽，肌如白雪；腰如束素，齿如含贝；嫣然一笑，惑阳城，迷下蔡。

——（先秦）宋玉《登徒子好色赋》

如果说黄河流域文明的鲁国、晋国等在春秋改革浪潮中大放异彩的是集体制度的进步的话，长江流域文明的楚国则更多的是依靠英雄的个人力量。在春秋楚国历史上，国力起伏波动，当其国君英明时，往往就会进行改革发展，对外也能获得战争胜利，大力任用来自各阶层的人才；而当其国君昏聩时，则会倒退保守，对外战争也总是失利，只任用大贵族，而让其他阶层的人才流失。

这种现象在春秋时代，被称为“惟楚有才，晋实用之”。

英明神武的楚庄王去世后，贤臣孙叔敖等人也先后去世，楚国进入国力低谷时期。周定王十七年（公元前 590 年），年仅十岁的楚共王登位，国政由令尹把持着。很快，这种国君无力掌控全局的局面被打破，大臣之间的争斗开始疯狂起来。

导火索早就埋下了，那就是古代四大妖姬之首夏姬。

相传，夏姬是陈国倾国倾城的美女，在陈国和多位权贵通奸，结果引起陈国内乱。周定王九年（公元前 598 年），夏姬之子弑陈国国君，引来楚庄王的平叛。战争结束后，夏姬作为战利品，被带到了楚庄王面前。

夏姬的魅力征服了楚庄王和他的臣子们，所有的男人都为之疯狂，其中大臣申公巫臣也不例外。为了得到夏姬，他对楚庄王说："这是个不祥的女人，她身旁的男人都会被诅咒身亡，陈国也因她而灭亡。天下众多美女，何必要她呢！"以霸业为重的楚庄王只好放弃，将其许配给丧偶且年近古稀的臣子连伊襄老——这个做法大出申公巫臣的意料。同时失望的还有另一个重臣，楚庄王之弟令尹子反。

周定王元年（公元前606年），晋楚邲之战中，申公巫臣暗杀了连伊襄老。然而还没有等到申公巫臣行动，留守国内的连伊襄老之子黑要就迫不及待地迎娶了自己的继母——可见夏姬的魅力。申公巫臣没有放弃，在他的计划下，夏姬假托迎丧之名向楚王请求回到娘家郑国，借助郑、晋的良好关系，寻回亡夫连伊襄老的遗体。

周定王十八年（公元前589年），申公巫臣借出使齐国的机会，取道郑国，把原本要带给齐国的国礼作了聘礼，带上夏姬私奔到了晋国。晋国国君能得到名动天下诸侯的申公巫臣，大喜过望，封之为邢大夫。同时，给楚国的巫臣一族和黑要一族带来了灭顶之灾——令尹子反、公子子婴等夏姬的竞争者都快疯狂了。

令尹子反给申公巫臣定下了罪名：他欺骗了自己的国君，放弃了自己的使命，和夏姬私奔了。子反上奏楚共王，要对巫臣一族处以诛九族的刑罚。不过，新任国君楚共王则认为："申公巫臣当年的进谏是他的职责，也是对的，不能将现在的行为作为惩罚以前事情的根据。"而且楚共王还考虑申公巫臣现在是晋国的大夫，如果将其逼急了，可能为楚国带来祸患。

知识链接 春秋时代的审美

春秋时代，中原各国社会虽然发达，但是平民（国人）分走了大批财富，导致贵族很穷，所以他们的审美观还比较原始，还是以丰盈为美。而楚国则因为奴隶制的影响，贵族比较富裕，所以开始追求婀娜多姿的苗条美。不过，总体来看，南北的审美观差异不大，都以鹅蛋脸、柳叶眉为美。

不过，那些为了夏姬昏头的大臣没有这么明智。

周简王二年（公元前584年），令尹子反擅自带兵剿灭了申公巫臣一族，并顺手诛灭了黑要一族，是为“子仪之乱”。巫臣闻讯后立即写信告诉子反说：“尔以谗慝贪婪事君，而多杀不辜，余必使尔罢于奔命以死。”——你说我是个坏蛋，咱俩差不多，你有什么资格来鄙视我？于是因为被灭族而疯狂的申公巫臣亲赴吴国，打通吴晋外交。教给吴人车战和列阵之法，诱导吴国从侧翼攻楚，成为楚国的后患。这在以后的章节中会详细讲到。

申公巫臣的逃亡引发的混乱并没有就此结束，楚国许多知名的贤人都因为大臣之间的争斗被迫逃亡，如苗贲皇等著名谋士就出奔到晋国，成为晋国大夫。

相对于晋国，楚国的社会更加板结，导致许多人才流失，这也是楚国在争霸战中最终落后的原因。不过随着楚共王年龄的增长，楚国的逐渐内斗缓和，大臣们又重新团结在这位温和而坚毅的君主身旁，重新将目光投向北方。

知识点思考 为什么楚国形成了顽固的贵族势力？

和周王朝建立的分封制不同，楚国依然处于奴隶社会时期。他们的国人全部来自汉水边的几个大家族，其他楚国人不过是这些老楚国人征服的奴隶。楚国是所有国家中征服和灭亡小国数量最多的国家。这些被亡国的人当然是没有政治权利的，因此楚国有着形成贵族板结社会的天然条件。

鄢陵之战

君子于役，不知其期。曷至哉？
鸡栖于埘，日之夕矣，羊牛下来。
君子于役，如之何勿思？
君子于役，不日不月。曷其有佸？
鸡栖于桀，日之夕矣，羊牛下括。
君子于役，苟无饥渴！

——《诗经·王风·君子于役》

周简王十年（公元前576年），经历内乱的楚国重新安定下来，新君楚共王急需一场胜利来奠定自己不可动摇的地位，楚国贵族则需要获得霸权和霸权附带的“成”。而此时的晋国，对齐、秦两国获得了两场小战争的胜利，并且顺利地举行了一次没有楚国参加的小型会盟——钟离之会，再次稳固了自己在黄河流域的领导地位。晋国需要外部敌人来转嫁国内贵族之间的激烈矛盾，也需要对楚国的胜利来维护周王室的威严，保护中原大小各国的等级秩序。

于是，楚国北上，晋国南下，这场著名的鄢陵之战爆发了。

战争的导火索依然还是夹在晋、楚两大国之间的小国。许国是一个非常小的诸侯国，曾经是郑国的附庸，位于郑国的西南方。周简王十一年（公元前575年），许国脱离郑国倒向楚国，而郑国“拉不下面子”，攻入许国都城，逼迫许国割地求和。

很快，许国的“新主子”楚国的报复来了。楚国派出使者先恐吓后利诱郑国君臣。就这样，郑国君臣在获得汝阴之田的承诺下，背盟晋国，倒向楚国，并交上一份“投名状”，攻打宋国。

虽然宋、郑交战互有胜负，但是对晋国来说，曾经的附庸背叛自己，来攻击自己的另外一个附庸，这实在是不能忍受的事情，于是晋国君臣大怒，发布了“总动员令”：尽徒羡，悉余夫，竭赋役……这句话的意思就是：把正卒与预备役都叫上，无论老幼孤疾，歪鼻子斜眼，凡能拿动刀的都上阵，带足家里一切战争资源，就让我们和楚国拼了吧！

之前的历次对外战争中，晋国从来都是动用“正卒”，这次全国总动员之后，晋国四军齐出，共拥有约十五万人的作战部队。而根据钟离之会的盟约，齐、宋、卫、鲁、郑、曹、邾、滕等十四个国家都有义务出兵，数量约为五万。

然而，二十万士卒的部队对黄河流域的联军来说还是不够，因为他们的敌人数量接近三十万：楚国听到晋国总动员之后也下达了“总动员令”，兵卒数量高达二十万左右；楚国的附庸小国和蛮族人也加入联军；另外，作为主战场的郑国也全国总动员了。

以上计算的是直接出现在鄢陵战场上的人数，如果算上运粮的民夫和后勤人员，参战人员数量是远远不止于此的。

周简王十一年（公元前575年）五月，晋军渡过黄河，与楚国军队在鄢陵（今河南鄢陵县北）相会。

就在两军对峙的时候，晋国内部产生了杂音。晋国的智者开战前就认为自己必定会胜利，只不过担心胜利会引来国家内部的动乱。而晋国元帅、第一执政栾书则这么回答："不可以当吾世而失诸侯，必战也！"意为"不可以在我们的时代丧失了晋国的霸权"。

当然，也有人面对楚国联军的数量感到恐惧，认为晋国刚和齐国、秦国交战完，没有足够的盟友来对抗楚国。而大臣魏相则回答："吾孤也，吾霸也。"——我们从来都是孤军奋战，所以我们是天下霸主；霸权不可以分享，所以我们只能靠自己孤军奋战，获得胜利。

两军对峙，晋国统一内部思想的同时，楚共王以司马子反将中军，令尹子重将左军，右尹子革将右军，亲自率领士兵行军到晋国的营地前列阵，压缩晋国的战斗空间，然后和自己的谋士、晋国叛臣伯州犁观察晋国军阵。

伯州犁是晋国人，因为晋国内斗，被迫出奔楚国，因为对晋国很熟悉，成为楚共王的军事参谋，帮忙制定鄢陵之战中楚军的布阵。有意思的是，楚国人苗贲皇因为楚国内斗，被迫出奔到晋国，也因为自己的才能成为晋厉公的军事参谋。

双方都做到了知己知彼，可以说，这次战争是春秋时代晋楚两国实打实的硬碰。

等到战前祈祷完毕，晋国国君晋厉公下达了命令：推倒灶台和帐篷，获得列阵的空间，抵消楚国进逼营帐的优势；用少量的精锐牵制楚军脆弱的左右军，其他兵力全部猛攻楚王所在的中军。

双方列阵完之后，就开始占卜。而一旦占卜结果出来，史无前例的"世界大战"就要开始了。

士兵做好准备的同时，晋国的太史公正在占卜，不久结果出来了，卦象是大吉。卦词是：南方国家要败，国王眼睛中箭。

这个好消息传出后，更是刺激得晋国士兵热血沸腾。

晋国国君的战车慢慢向前线行去，车上由晋国元帅栾书的次子栾针则担任车右。这辆车行进没多久，车轮就一不小心陷入泥中，栾针跳下战车推动车轮，栾书在远处看到后，就关心地跑了过来，并且请求国君换乘自己的战车，好继续前进。栾针大声斥责栾书说："快退下，你身为元帅，职责是指挥全军；我身为车右，职责是保护国君战车前进。如今你侵犯我的职责是越权，丢弃了自己的指挥职责是渎职，擅自离开自己主帅位置是不忠。栾书，不要接连犯下这三个错误！"连名带姓地叫唤自己父亲的名字，可以想见栾针说这番话时的风采！

听到这话，栾书满面羞惭地回到中军帐，开始指挥战斗。

双方试探性地交手一阵子后，晋国率先发动了总攻，由魏家私兵作为主攻。魏家私兵身材高大，战力强横，盔甲和兵器都比楚国的先进，而且因为楚军是逼近晋国军营而战，所以楚军士兵更加疲惫一点。很快，楚国严密的防线就被晋国撕开，攻击的势头直指楚王的中军。

晋国第一猛将、魏氏家主魏锜攻击到楚王亲兵附近，人缝中，他看到楚共王正在战车上指手画脚，魏锜毫不犹豫抬手一箭，那支箭神奇地穿越楚军，钻入楚王的战车。

楚共王倒下了，等他被人从战车上扶起时，满脸鲜血，右眼上插着魏锜的那支箭。

太史公的战前占卜竟然应验了！

养由基看到楚共王受伤，愤恨地说："君上受到了伤害，这是天大的耻辱啊，如果我不能报仇，还有什么面目活着呢！"于是他向楚共王请求出战。楚共王答应了他，并给了他一支箭。

此时，魏家兵锋已经深入楚军阵中，而其他部队还需要一段时间才可以继续扩大战果。所以，在楚国的养由基发出"致师"（武将单挑）的信号后，需要争取时间且自信满满的魏锜答应了其要求。

双方的战车很快在战场上腾出一块空地，魏家的兵卒和养由基带领的士兵也停止厮杀，等待致师的结果。

所有的春秋人都清楚致师的流程，双方互相行礼，并抬起手上的兵器，示意自己并没有耍诈后，双方的御戎同时催动战马，战车前方四匹马十六个马蹄奔腾，他们不是正面冲撞，也不是背向而驰，是不约而同地绕着一个中心点兜圈子——两人的位置都在弓箭能够致死的射程中。

绕了两圈后，魏锜的战车颠簸了一下，让魏锜露出了一个小破绽，魏锜迅速调整，用盾牌来挡住自己露出来的一小段脖颈。然而还是慢了，养由基闪电般地出手，一箭就命中了魏锜的脖子。

魏锜战死，其子迅速跳到战车上替代已死的父亲行礼，并命令所有的魏军战车都拔下旗帜，放下兵器，是为“偃旗”。而养由基则用自己的弓弦钩住一名魏兵，让自己的军队停止敲鼓，退出战斗，是为“息鼓”。

楚国获得了致师的胜利！

作为“偃旗”的代价，魏家被迫退出了这次战争，并按照惯例，留下这个战场上所有魏家士兵的一半，作为楚国“息鼓”的战利品。

魏军退出后，接下来上场的是郤氏、赵氏和韩氏，这三家兵力是晋国总兵力的一半。左路，赵氏以性格莽撞的家将担任“彻头”，也就是站在第一排，作为主攻节奏把握者，打出了紧凑而密集的攻击浪潮；以擅长射击闻名的韩氏军队则担任此次攻击的“彻尾”，负责提供远程支援。

楚国这边，右路，楚共王在包扎好伤口之后，不顾自己的伤势，亲自带领精锐侍从部队“左广”冲击郤氏的部队。

此时的晋国郤氏兄弟大权在握，能够支配更多的资源，也就拥有更精锐的士卒。战场上，郤氏轻松挡住了楚军的攻击，并打出了反击。只不过一刻钟的时间，郤氏的战车就推进到楚共王战车的旁边。

这一边，楚共王满脸血腥，楚军士卒疯狂地想拦在楚共王的车前，阻挡郤氏军的前进；而另一边，郤氏的家主郤至身上则一尘不染——因为郤氏军的战力强横，郤至根本不需要动手厮杀。

人们都以为郤至要攻击楚王车驾，郤至却风度翩翩地向楚王行礼，然后转身带领军队回到攻击出发点。这个过程进行了三次，楚共王非常纳闷，于是派人询问郤至："穿红甲的将军，您真是个君子，每次见到国君都退避，您是不是受伤不能战了？"郤至回答说："感谢贵国君王的问候，我并没有受伤，只是因为在战斗中，我也不能不尊敬君王。"说完，郤至不慌不忙地优雅退去。

之后，因为郤至而感到骄傲的晋军士气大振，就连国君的"殿后"位置都深入楚国战阵。

晋楚之间的交锋持续到了天黑，最后晋国军队略占据优势——楚国的一部分军队是由郑国军和蛮人组成，这部分人的战斗力完全不能和晋国的精锐士卒相比。在这天的战斗中，蛮人军溃散，郑国国君带领郑国军队撤出了战场。

当天晚上，晋国军队依然处于亢奋中，元帅栾书大叫说："请君上下令检阅三军，用补充兵填补各军伤亡缺额——无论如何，这是一场生死之战，我们必须鼓舞全军士气，让全军知道，也让楚国知道，晋人从不畏惧死亡，楚国人想要战死，那么我们就满足他们。"于是，晋国做了第二天继续死战的准备。

楚国营帐。嗜酒的右令尹、统帅子反向奴仆要水喝，谄媚的奴仆递上装了美酒的酒袋，子反将错就错喝醉酒就睡下了。楚共王命令使者请子反商议军机，结果听闻子反喝醉的消息，只能仰天长叹："这是老天要让楚国战败，我不能留在这里做俘虏——我要保持一位君王的尊严。"当夜，楚共王就率领大军，留下所有的营帐撤退了。

第二天，晋国发现了楚国留下的战利品，非常开心地停止了追击。因为晋国人知道，晋国只是略占上风，并不能彻底击败楚国。而楚国方面，醒酒后的令尹子反因自责而自杀了。

就这样，一场大规模的战争就在虎头蛇尾中落下了帷幕，晋国人获得暂时的胜利，而楚国元气未伤，期待着下一次和晋国的战斗。

你死我活的内部斗争

迢递高城百尺楼，绿杨枝外尽汀洲。

贾生年少虚垂泪，王粲春来更远游。

永忆江湖归白发，欲回天地入扁舟。

不知腐鼠成滋味，猜意鹓雏竟未休。

——（唐）李商隐《安定城楼》

鄢陵战场硝烟未落，晋国的智者就预感到可怕的内战会再次降临到晋国。被誉为春秋第一辩论家的士燮对自己的身边人说：“我们国君骄侈而充满私心，却又幸运地战胜了敌人，这是天在加重他的病症，今后他会更加肆无忌惮，我们国家的灾难就要降临了。”

虽然晋国获得了胜利，但是楚国并没有认输。对晋国来说，天价的军费开支需要埋单。

饿红了眼的晋国国君对中小贵族下手了。按照惯例，所有的贵族都需要向国君交纳自己战利品的一部分，是为“献”，然而权利和义务是相等的，如果国君接受了“献”，就必须有相对应的封赏来回赐给臣子，是为“赏”。可是这次战争，晋国没有扩大领土，也就没有封赏，然而国君依然接受了所有的“献”，这种违反国君法则的做法导致了整个晋军的不满。

▲ 栾书

晋厉公也知道自己做错了，所以他需要为自己的行为找借口。他派身边的宦官找到贡“献”最多的赵武——赵氏家主。

当时赵家刚从下宫之难中恢复过来，势力还非常弱小，算是中等贵族中垫底的存在。使者代替国君问道：“赵武，国中下达召集令，为何你只带来了两千甲士，兵车数量也不够，其余的武士与兵车呢？”赵武回答：“他们已经交税了。”使者接着问：“那么税呢？”赵武长身而起，按着宝剑回答：“君上是在问‘征’，还是在问‘税’？”吓得前来问话的使者落荒而逃。

另外，晋厉公还沉浸在自己战胜楚国，成为一方霸主的快乐中，压根不在乎这些贵族的不满。回军路中，晋厉公组织群臣打猎，郤至射杀一头野猪，准备献给国君，不想这头野猪被寺人（国君身边的宦官首领）孟张看到，他立刻抢了去，用自己的名义献给国君。郤至大怒，顺手一箭射杀了孟张，鲜血都溅在晋厉公的衣服上。晋厉公愤怒地对元帅栾书哭泣：“这小子欺负我！”

然而，晋厉公的哭诉找错了对象。被称为春秋第一阴谋家的栾书早就不满郤氏的骄横跋扈，也更加不满晋厉公的愚蠢自大，于是他定下了一石二鸟的计策。

栾书前往会见苦成叔子（郤犨，郤氏的三位领头人之一），并以高官利诱他：“贤能不得志，源于君主的昏庸统治。您是不是该考虑考虑啊？”——我们的国君实在是混账，你难道不想干掉他吗？郤犨不是愣头青，虽然恨晋厉公，但是仍大义凛然地质问栾书：“郤犨岂敢以‘不得志’的心态去为国效力呢？我行事端正，考虑长远，虽然不得志，但如果合乎道义，就算是死，又何惧之有？”——国君是个混账，臣子可以离开，没听说过可以干掉他的。

栾书便撺掇国君对郤氏下手。他暗中接触鄢陵之战中被俘的楚国公子茷，以纵其回国为诱饵，条件是公子茷按照他的意思做出有关郤至的假证。公子茷急于回国，满口答应，对晋厉公说：“鄢陵之战，实为郤至秘密招来楚王的。郤至见当时晋国盟军未到，就劝我父亲（楚共王）前来决战，并许诺：‘等晋国战败，我奉孙周为晋侯，以臣侍楚国。’战斗中如非郤至网开一面，我父王是难以逃脱的。”听了公子茷之言，晋厉公大惊。

晋厉公回宫后，招来亲信党羽，商议惩处郤至。他身边的宦官胥童提议，要下手就要将“三郤”一网打尽，否则容易引起“三郤”的反击。晋厉公担心这样打击面太广，胥童就说：“三郤，多怨也。”——“三郤”族大，已经骄傲到没有朋友了。

于是，晋厉公命胥童、夷羊五、长鱼矫带领八百甲士前往郤氏聚居地，果然沿途没有国人指责叛军，也没有其他家族的私兵帮忙抵抗。消息传来，“三郤”举目四顾，孤立无援，只能拼死抵抗。结果，胥童等人毫不手软，屠杀郤氏满门。

胥童受晋厉公之命将“三郤”陈尸朝堂，请诸位大臣观摩。

“三郤”虽然可恶，但是国君没有经过审判，就清洗手下大臣的一族，所有臣子兔死狐悲，全部对国君的爪牙怒目而视。于是，疯狂的胥童、长鱼矫等人迅速将栾书、中行偃逮捕。

长鱼矫对晋厉公说：“不杀这两个人，他们一定会给国君带来威胁！”晋厉公毕竟是国君，知道不可能杀尽大臣，虚伪地说：“我看还是算了吧！一天时间就杀了三个卿，寡人实在不忍心再下手了！”转而他又对栾书、中行偃说：“这只是误会！寡人讨伐郤氏，今郤氏已伏诛，两位都是国之栋梁，不要把被劫持当作耻辱，各复其位吧！”形势所迫，栾书、中行偃二人俯首再拜：“君侯讨伐

罪臣，却赦免我们一死，这是君侯的恩典，我们不敢忘记君侯的大恩大德呀！”

很显然，所有晋国大臣都牢记着晋厉公的“大恩大德”。

周简王十三年（公元前573年）春，栾书、中行偃率领一群亲信密谋，发动政变，刺杀晋厉公。

晋厉公被杀死后，其党羽被大肆清洗。元帅栾书郑重发布公告：我们的国君崩了！然而消息传出后，晋国所有的贵族全部不说话——既害怕栾书的权势，也没人愿意为晋厉公出头。

三个月后，晋厉公的不得人心彻底暴露了。栾书将晋厉公的尸体用一辆车子送葬，草草埋于翼城的东门外，上谥号为“厉”（意为暴君）。

之后，栾书拥立公子孙周（晋厉公的侄子），是为晋悼公。

相比于晋厉公，晋悼公年龄虽小（十四岁），但是更有政治才能。面对着前来迎接的大臣，晋悼公说：“我本来就无意继承君位，现在来到这里，就是天意。如果你们想要我做一个傀儡，那么还不如没有君主；我如果成为你们的君主，那么我就不能坐拥空名。如果做不到，那么就让我离开，或者现在杀了我。”栾书、中行偃吓得战战兢兢，只能带领群臣跪地拜服。于是，晋悼公趁热打铁地说：“我不再追究前事，你们也不要再起反心。”

就这样，晋国很快安定了下来。

继承制度落后带来的国家衰败

煮豆持作羹，漉菽以为汁。

其在釜下燃，豆在釜中泣。

本自同根生，相煎何太急？

——（三国）曹植《七步诗》

晋国发生内乱的同时，楚国也“不甘落后”地开始了内乱。不过这次内乱不可避免，是楚国继承制度落后带来的必然结果，根源依然在于楚国社会的贵族症候。

从血统论来说，楚国人自认为是黄帝后裔，身份高贵，由于战乱原因，一路南迁，比周王室更加根正苗红——这也是楚国一直想要问鼎中原的原因。而且楚国传承几百年，没有受到过大的打击。楚国三大姓“昭、屈、景”成为国之中坚，从历史沿革上来说，有了贵族形成之基础。

从贵族个人所需要的素质来说，封建时代讲究的是精英政治，各家各族都以人才培养为首要目标。而且春秋战国时期，百家争鸣，作为财富以及权力所有者的楚国各大姓来说，有人才成长的培养氛围。

从对底层民众的态度上来说，楚国实行的是道家思想，道家思想讲究无为而治，其“小国寡民”的理论坚持以人为本，特别是作为一个多民族国家，讲究的是宽容宽厚的态度和广阔博大的胸怀，尽管楚国灭亡的国家最多，战争多是对外战争，很少有外敌入侵。这样就意味着社会僵化，不容易出现新兴贵族。

从社会担当来说，楚国民风彪悍，人民爱国情怀浓厚，因此有承担社会责任的勇气。

贵族文化的恶劣影响则是社会僵化板结，内斗严重，特别是老牌世家贵族，都想在最高权力中分一杯羹，这也是楚国数百年内斗不停的原因。

楚共王在鄢陵之战中受伤，也耗尽了个人的精力，开始考虑继承人的事情。他总共生养五个儿子，长子名招（即楚康王）、次子公子围、三子子比、四子子晳、五子弃疾。因五个儿子全部是庶出，楚共王无法决定让谁继任王位，便派祭师手擎玉璧，遍祭楚之名山大川，祈祷神灵从五子之中挑选一位主持社稷。

后楚共王将这块玉璧藏于祖庙，在某个节日，召五王子按长幼之序进入祭祖，偷看谁能接触到玉璧，谁便可以继承王位。大公子招率先祭拜，膝盖跪上玉璧；二公子围祭拜时，胳膊肘压住了玉璧；三公子子比和四公子子晳祭拜时无缘接触玉璧；倒是年幼的五公子弃疾，被人抱入祖庙祭拜，他两次跪拜，都压住了玉璧。

但是楚共王不可能选择一个幼童来继承自己的位置，于是还是选择了大公子招做太子。有人知道楚共王的“测试”，就预言说：楚国的内乱无法避免了，他们向神灵祈求，结果又不遵循神灵的意志，公子弃疾不登上王位会甘心吗？

周灵王十二年（公元前560年），楚共王驾崩，楚康王新立。

吴国以为有可乘之机，违背春秋战国时期诸侯国遵循的“闻丧不伐”的“游戏规则”，突袭楚国，以为可以乘虚而入抢夺地盘。楚国用败兵之计将吴师诱入一个包围圈，伏兵迎头痛击，吴师死伤惨重，溃不成军，只好落荒而逃。楚国在这一战中，甚至俘虏了吴国大将公子党。

周灵王二十三年（公元前549年），吴国的羽翼已丰，对楚国骚扰不断，特别让楚人头痛的是吴国水师。楚康王训练“舟师”，以应对吴国。楚国水师进入吴地，尽管所获不多，但打出了楚国的威风。从此，吴国水军再也不敢随便进入楚国的水域了。楚康王征伐郑国，尽管有些力不从心，但却在各诸侯国面前显示了楚国北上争霸的雄心壮志。

楚康王在位十五年，楚国虽然勉强维持，但是衰退之象已经显现。他死后，其子熊员继位。熊员的叔父公子围便是令尹，主持楚国政事。从楚国的历史看，新王死、幼主立，在这种权力交接之际，是王权最衰弱的时期，公子围篡位的野心昭然若揭，他出行和接见外国使节均是沿用楚王的仪式。在一次与诸侯会盟中，完全是一副楚国国君的派头。

公子围在出使郑国时，行至楚国边境，宫廷眼线来报新主染恙，他认为是天降良机，即刻返回宫廷，以探看新主为名亲手将其勒死，并杀死年幼的王子。他便成了历史上著名的楚灵王。

楚灵王精通音律，应该是一位舞蹈家，据说宫廷歌舞时往往会亲入舞池，跳上一曲。他给后世留下了楚国宫廷最为生动的一幕，就是“楚王好细腰，宫中多饿死”的典故。

楚灵王既没有什么功劳，也没有什么特殊的才能，只是靠着自己的血缘关系和阴谋登上了王位，那么怎么能让自己的位置稳固呢？何况，在楚灵王的身后，曾经参与过“玉璧测试”的几个公子一直在虎视眈眈。

这个意义上来说，楚国的内乱才刚刚开始，远没有到平息的时候。

第六章

黄金时代：士阶层的崛起

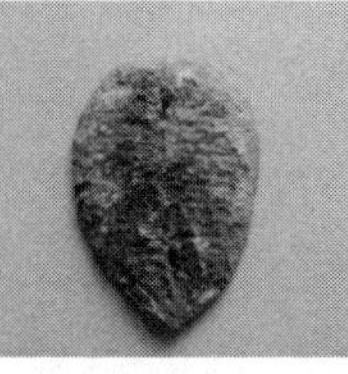

天不生仲尼，万古如长夜

尧夫非是爱吟诗，诗是尧夫用畜时。
史籍始终明治乱，经书表里见安危。
庖羲可作三才主，孔子当为万世师。
不止前言与往行，尧夫非是爱吟诗。

——（宋）邵雍《首尾吟》

▲ 孔子画像

周灵王二十一年（公元前 551 年），孔子降生于山东曲阜，为春秋历史、中国历史乃至世界历史掀开了新的一页。

孔子出生于一个没落贵族家庭，算得上是正宗的士。孔子的父亲叔梁纥担任陬邑大夫，是直属于鲁国国君的一个小贵族，没有封地，但有低等且不可世袭的爵位。

史书中对于叔梁纥的描写很少。周灵王九年（公元前 563 年），晋国带领的中原联军包围了逼阳城，叔梁纥作为鲁国的小贵族，带领着自己的私兵参与了这次战争。在攻城的战斗中，叔梁纥表现耀眼，其勇力让敌人都感到恐惧。而其顶头上司、孟孙氏家族孟献子也称赞叔梁纥的勇敢说："这就是《诗经》中所说的'有力如虎'啊！"战争结束后，叔梁纥得到提拔，爵位小有提升，不过因为其祖上是宋国的贵族，所以在鲁国没有可能升到高层。

▲ 孔子半身像

从基因上来说，孔子继承了叔梁纥"有力如虎"的优点。相传孔子身高九尺六寸，有一个奇特的外号叫"长人"，而且和父亲一样"力可托城门"。然而，孔子从来都不张扬自己的勇力，他因为智慧和学识扬名于世。

孔子的母亲颜氏是叔梁纥的小妾，而且年龄比叔梁纥小很多。所以，孔子降生三年后，叔梁纥就去世了，此后他就被迫随着母亲离开叔梁纥的家，居住在曲阜阙里，过着清苦的生活。不久，颜氏去世，但是因为孔子年龄比较小，不知道父亲的墓地在哪里，而且也没有什么名声能力，只好将母亲安葬在颜氏的公墓中。对守礼重孝的孔子来说，这可是其少年生活窘困的最好写照。

自古英雄多磨难，年少的这段经历铸就了孔子多问多思多学的精神。"十五而有志于学"，贵族的身份和窘迫的现状决定了孔子必须向上努力奋斗。然而，春秋时代板结的社会阶层和知识垄断则决定着孔子注定要在学问这条道路上迈出艰辛的步伐。

周景王十年（公元前535年），鲁国实际掌权者——贵族季孙氏设宴，遍请全国的士。孔子也前去参加，然而被季孙氏的家臣挡在了门外。这可能让孔子开始思考：在这么一个奴仆都可以侮辱士，奴仆因为主人地位高而阻拦国人的时代，怎样才能恢复祖先的地位和荣耀？

从这个时候开始，孔子便沉浸到知识的海洋中，寻找治国平天下的道路，思考人生在世和死后的意义，传播仁者的理念。因为天赋和努力，孔子的学问很快就超过了一般的贵族，他转而又离开书本，四处求学，不耻下问地向每一位有智慧的人汲取营养。

后来孔子走上了仕途，开始做一些下层官吏的差事，同时继续求学且讲学。这个时候的孔子作为第一位私学的传授者，在鲁国不拘一格地收受弟子，并在教学相长中让自己的学识更渊博。

他的名声开始从鲁国传扬出去，所有的国人都在传颂孔丘的名声。当孔子第一个儿子出生的时候，鲁国国君昭公赏赐给他一双鲤鱼，孔子很高兴，给儿子取名为鲤。

知识链接 子

子是对大贵族的尊称。按照当时的礼仪，孔子这种往上追溯十几代才可以和国君拉上关系的人是没有资格称为子的，因为孔子学问好、名声大，所以才被尊称为“子”。不过，当时的人们不会称呼他的姓，应该会称他为“子丘”，而弟子们则会称呼他为“夫子”。

年轻时候的这段经历让孔子开阔了眼界，他接触到社会大众的需求和痛苦，并思考着如何缓解这些痛苦。

这时，列国进行了一次盟会，作为春秋礼仪大邦的鲁国，因为鲁昭公在楚国失礼而被人嗤笑。于是鲁昭公回国后就向孔子问礼。与此同时，实际掌握鲁国的季平子还让自己的两个儿子去听孔子讲学。

周景王二十三年（公元前 522 年），齐景公和晏婴这对著名的君臣组合来到了鲁国，在和鲁国君臣商讨国家大事之后，和孔子这个“文化界代表”讨论历史，主题是“秦穆公是如何称霸的”。孔子说：“秦穆公称霸并不是攻打周的其他属国，而是向周所有国家的敌人戎狄要土地，并且能够在称霸后得到周天子的承认，这是一件既得到里子也得到面子的事情啊，也就齐桓公尊王攘夷能够比拟了。如果没有管仲，我们估计现在都成了胡人的奴隶了。”

孔子对齐国和管仲的推崇表露出他想要改革的渴望，也受到了齐景公的赞扬，并且得到齐景公的邀请。

不久，鲁国内乱，鲁昭公被迫流亡齐国，作为鲁昭公一系的底层官员，孔子被殃及池鱼，也被迫流亡齐国。

周敬王四年（公元前 516 年），抵达齐国的孔子受到了齐景公的热情招待，他甚至热情到想要给孔子册封一小块地，让孔子成为齐国国君的直属小封臣。这个打算被晏子阻止了，他说：“如果孔子回到鲁国，那么这块封地将没有意义。如果孔子一直在齐国做官，那么他可以根据自己的功劳获得封赏。”

孔子也觉得无功不受禄，推掉了封赏。因为和齐景公投缘，孔子第一次在外人面前长篇大论地阐述了自己对治国的见解，希望对齐景公有所帮助。

孔子说：“君君，臣臣，父父，子子！”——每个人都恪守着自己的职责，完成自己身份应该完成的事情，国家就能太平了。这句话是此后两千多年历史中，中国政治制度的精髓所在。等级制度下，并不排斥你做出向上爬的动作，然而你必须先完成自己的职责，君臣父子都必须承担自己的义务，做好君臣父子才享有君臣父子的权力。在这样的条件下，整个社会和阶层都构成一个整体，而不是分割开来，君臣父子的区分不是因为血统，而是因为能力和职责。可以说，因为这一句话（当然是因为这句哲思传播开来），孔子就为中国奠定了一个统一而发展的社会，不会走入黑暗愚昧的中世纪时代。

孔子作为一个鲁国人活跃在齐国政坛，受到国君的器重，这实在是太不能让人接受了，所以齐国的大夫就要驱逐孔子。晏婴作为代表说：“今孔子盛容

饰，繁登降之礼，趋详之节，累世不能殚其学，当年不能究其礼。君欲用之以移齐俗，非所以先细民也。"——孔子和他的学问都是好的，但是不适合齐国啊，那是一门天下太平的学问，怎么能够用于想要争霸的齐国呢？智者晏婴的话切中了孔子学问的要害，也预言了孔子一生不可能得志的命运。此后，齐景公开始疏远孔子，而孔子也被迫离开齐国。

周敬王五年（公元前515年），孔子返回鲁国。此后孔子开始在鲁国大规模讲学、著述，他归纳总结了西周以来的文化成就，创作了《诗》《书》《礼》《乐》等大作，并且因为学问、人格、能力吸引了一大批弟子追随。当时，鲁国的季孙氏掌握了国家大权，而士大夫阳虎则掌握了季孙氏大权，不过阳虎来拜见孔子的时候，孔子可以很自然地想不见就不见，可见孔子在鲁国的影响力有多大。

后来，孔子升任大司寇，并开始执掌鲁国国政。不过很显然，教育家、哲学家、政治家不一定是好的政客，孔子很快被政敌打倒，然后被迫离开鲁国，率领自己的弟子开始周游列国的旅程。

孔子周游列国，一方面是孔子见识更宽阔的天地、完善自己思想体系的过程；另一方面是"儒"这个团体不断扩大影响，将"仁"的思想洒遍大半个中国的过程。孔子和其弟子们在旅途中摩擦碰撞出耀眼的思想光芒，照亮了整个春秋的世界。

知识点思考 得到鲤鱼是很重大的事情吗？

春秋时代鲤鱼是比较神秘的动物，因为被认为可以化为龙，而且黄河鲤鱼也是非常出名的佳肴，再加上这是国君馈赠的，意义更加不凡。试想一下，如果一个二十多岁的普通人，因为学问好，而受到国君的青睐，收到国君的礼物，哪能不高兴呢？

一顶绿帽引发的血案

天地有正气，杂然赋流形。
下则为河岳，上则为日星。
于人曰浩然，沛乎塞苍冥。
皇路当清夷，含和吐明庭。
时穷节乃见，一一垂丹青。
在齐太史简，在晋董狐笔。
——（南宋）文天祥《正气歌》

如果说孔子的一生代表的是士这个阶层的崛起，给春秋时代带来光明、文明和秩序的话，那么崔杼的行为则代表的是士这个阶层为社会带来的黑暗、野蛮和混乱。

晋悼公即位的第二年，为提高威望、巩固地位，晋国又开始攻打齐国。齐国被迫让公子光到晋国做人质。

十年后，齐灵公立为国家奉献了十年的公子光为太子，代替自己参加诸侯的会盟。然而，等到公子光辛苦地参加完齐灵公不愿参加的盟会，齐灵公却又打算废长立幼，然后继续让公子光在晋国做人质。

周灵王十八年（公元前 554 年）五月，齐灵公病重，立下遗嘱让最宠爱的幼子公子牙为君。然而，代表齐国士大夫阶层意志的崔杼立刻迎回了公子光，杀了齐灵公宠爱的戎姬和其他公子。几天后，齐灵公忧愤而死，公子光继位，是为齐庄公。

崔杼因为拥立之功，而被升任为执政。他每日战战兢兢、如履薄冰地处理国事，努力消弭齐灵公之死带来的国内外影响，却没想到自家后院起火。

崔杼的老婆是个大美女，原来是棠公的老婆，棠公死后就嫁给了崔杼。齐庄公经常趁着崔杼工作的时候，去崔杼家中"安慰"他的妻子。并且齐庄公还不知道收敛，得意扬扬地拿了崔杼妻子送给他的绿帽子，四处跟别人炫耀自己勾搭美女的"丰功伟绩"。

消息很快传到崔杼的耳中，这顶绿帽子映得崔杼脸都绿了，他并不怨恨自己的妻子，知道她没法反抗国君，只是一心想报复齐庄公。

周灵王二十四年（公元前 548 年）五月，崔杼连续称病不上朝，齐庄公到崔家探病。

齐庄公先假装探望崔杼，然后就要进内室抱崔杼的老婆，崔杼的老婆跑到卧室和崔杼一起躲在里面关上了门。齐庄公敲不开门，就很浪漫地在前厅里唱起了情歌。

屋内崔杼的手下开始围了上去，刚才还在深情歌唱的齐庄公慌了神，很快被杀。齐庄公平时也不怎么得人心，听着院子里打杀一片的声音，外面的手下居然没一个人想要进去搭救。

▲ 晏婴驾车

消息传出来，所有的士大夫都对齐庄公的死保持沉默。

智者晏婴也是里面的一员，他为自己的不作为解释说："国君如果为国而死，我们当然要以死相报。可是为了这种事情而丢了命，没人会跟着去送死。”

等到尘埃落定，晏婴才进入崔杼的府邸，跑到齐庄公的尸体旁边抱着哭了几声。起来后用脚顿了三下地表示悲痛和愤恨就自顾自地走了。事后，晏婴解释自己的行为说：“国君死了，作为臣子怎么能不悲伤呢？但是对于这么一个国君，也就只能如此了。”

崔杼的手下想连晏婴也杀了，崔杼制止说：“这是个有贤名的人，杀了他会得罪民心的。”崔杼又立了齐庄公的弟弟杵臼为齐景公，自己做了右相国，庆封做了左相国，两人共同把持朝政。

齐景公年幼，崔杼专横，独揽朝政大权，威震齐国。然而，崔杼本身不过是一个中等贵族，家族的势力不够强大，并不能很好地控制齐国。

左相庆封心怀嫉妒，时刻想杀崔杼以代之，好将自己的家族推上齐国政坛的顶峰。

这时崔杼家中闹起废长立庶的家事，庆封乘机诱引崔氏子弟自相争夺，并以精甲兵器帮助崔杼的嫡子崔成、崔疆内斗，还借这对兄弟的手刺杀了崔杼的两位心腹谋士。

崔杼无法压制两个儿子的内斗，于是大怒之下去见庆封，诉说家中发生的变故，并寻求支持。庆封佯装不知，惊讶地说：“这两个孺子，怎敢这样目无尊长呢？你若想讨伐他们，我当效力。”崔杼信以为真地说：“如果你能为我除掉这两个逆子，以安崔家，我叫宗子崔明，拜你为父。”于是庆封便召集全家甲士，命令家臣卢蒲嫳带领前往，抄杀崔氏妻妾儿子全家，所有车马服器，也都搜取无遗，又烧毁门户房屋，然后带崔成与崔疆的首级来回复崔杼，崔杼见到两个儿子的头颅，既悲又愤，向庆封再三称谢，登车回到家中，已是家破人亡，才知被庆封所害，悲痛至极，自缢而死。

崔杼死，崔氏灭亡，然而“绿帽”的故事未完结。

崔杼死后，庆封便独相景公，专揽朝政，更是荒淫骄纵。一天，庆封到家臣卢蒲嫳家里，见他的妻子貌美，便和她私通。自此就把权力交付给他的儿子庆舍，自己带着妻妾财物搬到卢蒲嫳的家里，共在一处，饮酒欢谑。

卢蒲嫳请求召回他哥哥卢蒲癸（齐庄公的侍臣，逃在鲁国），庆封立即遣使召回。卢蒲癸回国后，庆封就命他做庆舍的家臣。卢蒲癸体力过人，善于阿谀，因此深得庆舍的宠信，庆舍把女儿嫁给卢蒲癸为妻，从此以翁婿相称，更加亲密。

表面上如此，弟弟被戴了“绿帽”的卢蒲癸怎能不心怀怨恨？只是没有同心的助手，因此卢蒲癸在庆舍面前极力夸赞以前与他同侍齐庄公的王何勇猛，庆舍就遣召王何回国。王何也深得庆舍的信赖，使他和卢蒲癸同做侍卫，每出入或夜寝必使二人执戈，先后防卫。

不久，卢蒲癸和王何就这样谋攻庆氏，杀死庆舍，尽灭庆舍的同党。庆封听说儿子被杀，大怒发兵攻击卢蒲癸，但是不能迅速攻克。很快，齐国内的其他大家族——晏氏、陈氏、国氏出手了，他们联合国人，宣布庆氏的罪状，将庆氏连根拔起。

周灵王二十七年（公元前 545 年），庆封奔吴，最后在吴国因为楚军围城被杀，庆氏一族被灭。

虽然崔杼、庆封先后死去，齐景公再次掌握了齐国，但是经过这两次内乱，齐国元气大伤，并且内部权力框架失衡，再也没有哪一家势力可以和陈氏抗衡，也再没有底气来挑战晋国了。

“联合国和平大会”召开

子不能庇父，君无可保臣。宁为太平犬，莫作乱离人。

——（元）施惠《幽闺记》

早在鄢陵之战前，各个国家就因为晋楚之间连绵不休的争霸战争而疲惫不堪，于是产生了第一次弭兵会盟。

周简王七年（公元前 579 年），介于晋、楚两大国之间的宋国大夫华元，既与晋国执政卿栾书有交情，亦与楚国令尹子重交好。华元得知晋楚互派使臣之事，便于是年冬天，“如楚，遂如晋，合晋、楚之成。”华元奔走于晋、楚之间，以调解晋楚的关系，促成晋楚之和。当年在华元的策划下，晋卿士燮与楚公子罢、许偃在宋国的西门之外会盟。盟曰：“凡晋、楚无相加戎，好恶同之，同恤灾危，备救凶患。若有害楚，则晋伐之；在晋，楚亦如之。交贽往来，道路无壅；谋其不协，而讨不庭。有渝此盟，明神殛之，俾坠其师，无克胙国。”

▲ 京剧赵武子脸谱

然而，第一次弭兵会盟四年后就爆发了鄢陵之战，和平会议失败。

和平很快化为泡影，接下来鼓吹和平的是宋

国的向戌。

知识链接 以地为姓

在我国古代，是只有氏没有姓的，而那个时代人们称呼他人，是根据身份地位等结合对方的名一起称呼。所以赵武意思是“那个居住在赵（地名）名字叫武的大贵族”，如果赵武被国君转封或者失去了赵这块土地，他就不能被称为赵武。到了战国时代，才正式有了姓。比如赵武的后代都以赵为姓。

向戌在宋国是左师，却是个实权派人物，宋国的几任国君都很器重他，而且向氏也是出身于公族的大家族。自华元之后，向戌采取了亲晋政策，对南方强大的楚国也采取谦恭亲和的态度，使得自楚庄王之后的几十年当中，一直没有受到楚晋两国的侵犯，反而跟在强大的晋国后面东跑西颠，捞到不少的好处。这个向戌很善于与强者搞好关系，无论是晋国的魏绛、智罃、荀偃、士匄，还是现在掌权的赵武，他都过从甚密，就连和楚国的令尹子重、屈建都关系不错。因此，智罃、荀偃、士匄奏请晋悼公攻打偪阳，打下偪阳后，将其送给了向戌。向戌又将偪阳献给了自己的国君宋共公。宋共公因其功大，将合地封给向戌作为食邑，因此又称合左师。

向戌前去晋国，对晋国执政赵武道：“小臣与敝国君想我中原百余年来征伐不断，不是大国吞并侵犯小国，就是大国之间互相厮杀，一场战争下来，尸横遍野，血流成河。百姓流离失所，孤苦无依。因此，敝君与小臣就想了一个消弭兵灾的办法，在我们宋国召开诸侯大会，推选盟主维持天下太平，我等诸侯国向盟主国每年上贡礼品。如果哪个国家不遵从，再起杀伐，侵犯别的国家，盟主可率天下诸侯共同讨伐。如此，就可以从此天下太平，百姓也能安居乐业了。”

赵武为嬴氏赵姓，名武，谥号为文。他就是大名鼎鼎的赵氏孤儿，一生致力于恢复赵氏和晋国的荣光。可以说，在其执政期间，晋国大夫比较团结，而且能够遵从国君的号令，赵武则担心因为对楚熄灭战火，失去外敌，反而加剧内部的战火。

于是他推辞说道："我要召集其他五卿商议，然后奏请国君同意了才行。单我们晋楚两家同意还不行，东边的齐国，西边的秦国，也是大国，势力也不弱呀，也得征求人家同意。另外，像燕、吴、郑、曹、陈、蔡、许、卫等国也得通知到会才行，少一个国家都不行呀。"——他的话语中，默认楚国是同意的，也知道向戌会促成楚国的同意。

不久，赵武召集韩起、范鞅、荀吴、魏嬴、羊舌肸等人商议。韩起说道："兵器者，民之残也，既耗费了国库的银子，也会给小国带来灭顶之灾。既然有诸侯国存在，又怎么能消灭兵器带来的灾难？虽然实际上不可行，但也要答应下来才是。若不去，楚国去了，楚国必定赢得诸侯的信任和好感，我们晋国今后还有什么资格当盟主呢？"

于是晋国得出结论：既然诸位都认为要去，那么赵武将亲自参加。并且要成为盟会中的执牛耳者。

周灵王二十六年（公元前 546 年）五月，赵武带着荀盈、羊舌肸一行来到了宋国的都城，郑国派来了良宵。宋平公子成亲自设宴款待赵武一行。到了六月，鲁国的叔孙豹，齐国的庆封、田文子，楚国的屈建也来了。到了开会这一天，楚、晋、齐、秦、鲁、郑、陈、蔡、卫、滕、邾、许等国家都来了。

盟会发起人宋国定下了弭兵之会的中心思想："兵器，乃是凶器，不祥之物。自平王东迁以来，诸侯争战从未休止，最受苦的是天下的老百姓，是我们这些小国家。武王定鼎天下的时候，分封的诸侯最少也有上千个，天下的诸侯臣子都享受着太平盛世，都能和睦相处。一百多年来，天天都在打仗，年年都在征伐，大国欺负小国，大家可以算一下，现在诸侯国剩下不到二十个。战争给诸侯、给人民带来了沉重灾难，百姓都活不成了。”宋国给出了盟会的目标：“大家商量一下，推举一位盟主，我们这些小诸侯国每年给盟主上送贡品，盟主必须保护我们不受兵灾。哪个诸侯若违背了盟约，盟主就带领大家去讨伐他。”

参与各国并没有意见，但是为谁是盟主的问题，争斗了百年的晋、楚两国继续唇舌交锋。

晋羊舌肸说道：“我们晋国本来就是盟主，何必要推选呢？”

楚伯州犁笑道：“我们楚国也是盟主呢，不信你问一下蔡国、陈国。”

最后经过多方奔走调解，得出了解决的办法：互相承认。楚国承认晋国是盟主，晋国也承认楚国是盟主。

有感于自己时日不多，而且面对国内卿大夫的蠢蠢欲动，无奈的赵武说道：“我们同意，但是秦国、齐国与晋楚相比，规模实力不相上下，我们不能让齐国屈服，就好比楚国不能让秦国屈服一样，那么只能得出次等的结果了。”

盟会的结论是除了齐、秦两国，其他诸侯必须既给晋国上贡，也给楚国上贡，即缴纳“成”。

消息传出，事不关己的齐、秦两国迅速离开，而晋、楚两国则明争暗斗地继续在盟会上研讨和平细则。

▲ 弭兵会盟

七月，盟会典礼。等到东道主宋国国君念完盟书，饮完了鲜血，楚国屈建嚷着先签名，赵武正欲发火，羊舌肸一拉他的袖子劝道：“要务德，何必争先？”他就退了下来。屈建先签完字后，紧接着晋、宋、郑、卫、陈、蔡、许也先后签了字，只有滕国、邾国不肯签，鲁国的叔孙豹一咬牙道：“我们鲁国和宋、郑一样，他们签，我们也签。”当即也签了名。

此次会盟，除了部分国家，基本上落了个皆大欢喜的结局，只有赵武郁郁寡欢。归国的途中，赵武接受周天子的宴请。周天子使者称赞赵武结束战乱，为大地带来和平，吹捧说其功德和大禹一样。赵武回答：“只恐犯下罪孽，岂敢有他图？我们这些人苟安于世，朝不保夕，哪有什么长远计划啊？”这里诞生了成语朝不保夕。

事后，周天子的使者预测说：“我担心赵武命不久矣！作为大国执政，没有奋发的精神，只能得过且过，怎么能得到神明的庇护、国君的尊重和百姓的爱戴呢？”果然，赵武归国后不久去世，临终说：“我屈辱地结束晋楚争霸，这种外敌的消失一定会为晋国带来内乱。”

这次弭兵会盟后，楚国、齐国、晋国先后陷入内乱，进入大夫主政的时代，大规模争霸战结束了。

知识点思考 为什么第一次弭兵会盟不能持久？

晋、楚第一次弭兵之盟非常不稳定。晋、楚两国长达半个世纪所积的仇隙并非一朝一夕或一个盟约所能化解的，晋、楚双方在形势对自己不利时，都希望通过暂时的休战而得以调整；而当形势好转时，就会撕毁盟约，发起新的进攻。并且从法理和参加方来说，缺少了很多制约和监督者，这也让盟会很失败。

“三桓”分鲁

思乐泮水，薄采其芹。鲁侯戾止，言观其旂。

其旂茷茷，鸾声哕哕。无小无大，从公于迈。

思乐泮水，薄采其藻。鲁侯戾止，其马蹻蹻。

其马蹻蹻，其音昭昭。载色载笑，匪怒伊教。

——《诗经·鲁颂·泮水》

大国内斗，小国也一样，内斗起来毫不逊色，其中鲁国的“三桓”就是卿大夫掌权内斗的最好证明。

提到“三桓”，得从鲁桓公说起。鲁桓公除了太子同，另有公子庆父、公子牙、公子友（即庆父、叔牙、季友）三个儿子。鲁桓公非常疼爱自己的儿子，所以和太子约定后，大大封赏其他的儿子，这让“三桓”的势力超过一半的公子。

“三桓”不断地兼并拉拢中小贵族，势力迅速膨胀。到鲁宣公时，以季文子（季友之子）为首的“三桓”日益强盛，而公室式微。具体表现为周定王十三年（公元前 594 年），鲁宣公听季文子建议，推行初税亩，开垦私田，使得更多的百姓归附季氏，结果民不知君而只知季氏。

当然，国君方面也进行过反击，“三桓”的权力也遇到过危机，比较严重的有两次，都是针对“三桓”之首的季氏。

第一次是由于“三桓”内部的矛盾引起。叔孙氏的叔孙侨如不满季氏主掌大局，就想除掉季氏。结果是叔孙氏获胜，从“三桓”中的最小势力一跃成为第一名。

“三桓”的第二次危机是因为斗鸡引起的，因此称为“斗鸡之变”。

斗鸡之变发生在季氏第五代宗主季平子时期。季文子小心谨慎地为“三桓”的确立打下了基础。季武子时“三桓”编三军，十二分国民，三家得七，公得五，“三桓”已尾大不掉。到了季平子时期，季氏就不再小心谨慎了。

周定王三年（公元前 517 年）九月，季平子与鲁国另一位大夫郈昭伯斗鸡，结果斗鸡成为由头，鲁昭公发动了对季氏的突然袭击。

季平子和郈昭伯两家选出鸡代表进行比赛，为了赢得游戏，两家都偷奸耍滑，季平子给鸡装上护甲，郈氏给鸡爪套上金属套。比赛结果，季氏的鸡斗败，季平子看到郈氏投机取巧，愤怒之下侵占郈氏的房屋，扩建自己的住宅，并为此责备他们。

郈昭伯当然也怨恨季平子。

当时鲁国大夫臧昭伯家族内部有了矛盾，臧昭伯的堂弟臧会逃到季平子家中。臧昭伯的家臣带人到季平子家抓人，季平子很生气，后果很严重，结果季平子把这些到他家抓人的人抓了起来。

还是这一年，鲁国在襄公之庙举行祭祀活动时，季平子不按礼仪派规定的人数表演祭祀舞蹈，而限定只用十六人。其余的人都跑到季平子家中表演去了。

季平子专横和“违礼”的举动引起鲁国一部分人的不满，于是一场除掉他的阴谋展开了。

周敬王三年（公元前 517 年）秋，鲁昭公带人攻打季平子，在季平子家门口杀死季平子的弟弟季公之，攻进了季平子的住宅。季平子毫无防范，寡不敌众，成为瓮中之鳖，即将束手就擒。见势不妙，季平子只好登上高台向鲁昭公求情，说："您因听信谗言而不能细察我之过错大小，就来诛伐我，请允许我迁居到沂上。"鲁昭公不答应。季平子又请求把自己囚禁于鄪邑，仍不答应。季平子又请求带五乘车流亡国外，鲁昭公还是不答应。

子家驹说："您答应了吧。季氏掌握政权时间甚久，很多政令都是出自他的手中，很多穷人都得到过他的恩惠，愿意跟随他的人很多。您看这些人怒气冲冲，不能再激怒他们了。太阳下山以后，坏人是否冒出来，还不知道呢。众人的怒气不能让它积聚，积聚起来而不妥善处理，怒气会越来越大。越来越大的怒气积聚起来，百姓将会产生叛变之心。生背叛之心，和有同样要求的人会纠合一起，君王必然要后悔的！"

鲁昭公不听。郈氏说："一定要杀死季平子。"

要杀季平子，还要看看"三桓"之中孟孙氏与叔孙氏的态度。为了稳定"三桓"中其他两个家族，鲁昭公派郈昭伯迎接孟懿子。

季平子命悬一线，就在此千钧一发之际，叔孙氏出手了。叔孙氏的司马鬷戾看到季平子被围，命悬一线，就问他的手下人怎么办。看到没有人回答，他就直入要害地问："我是家臣，不敢考虑国家大事，我只想知道有季氏和没有季氏，哪一种情况对于我有利？"

大家都说："没有季氏，就是没有叔孙氏。"司马鬷戾说："那么就去救援他吧！"遂率领手下人前去向西北角进攻。当时，鲁昭公的亲兵正脱去皮甲拿着箭筒蹲着，根本没有防备，司马鬷戾带着人到那里就把他们赶走了。

与此同时，孟懿子也不闲着，他让人不时地登上房屋眺望季平子家，发现情况及时报告。眺望的人报告说，看见有叔孙氏的旗子。孟懿子便立刻下令抓住奉鲁昭公之命来迎接自己的郈昭伯。

这时，叔孙氏派人到孟懿子家中，对孟懿子说："我等与季氏同为上卿，三分公室。三足鼎立，三家俱存；一荣俱荣，一损俱损。"孟懿子同意这一观点，挥剑将郈昭伯斩为两段，然后与叔孙氏一道，发兵救援季平子，攻打昭公的军队。

援兵一到，抛下郈昭伯首级，围兵四散逃命。

于是，孤立无援的鲁昭公带着两个儿子和一批反对季平子的人到祖坟上辞别祖先，随后动身离开了鲁国国都。逃亡的第八年，周敬王十年（公元前 510 年），鲁昭公死在乾侯。鲁人一同立昭公之弟宋为君，就是鲁定公。

鲁昭公逃亡的几年，季平子摄行君位，成了事实上的国君。

一报还一报，出来混是需要还的。季平子如此对待鲁昭公，有人也如此对待季平子的儿子季桓子，这个人就是阳虎。

在“三桓”宗族之中，则又出现宗族不行了，陪臣执国命的现象。所谓的陪臣就是卿大夫的臣子，相对于国君而言是臣子的臣子，所以叫陪臣。在季平子死后，季氏的陪臣阳虎控制了季氏家族，阳虎甚至打算全部杀掉“三桓”而立自己的亲信。周敬王十八年（公元前 502 年），阳虎打算发动政变驱逐“三桓”，然而被早有准备的“三桓”倒戈一击，彻底被击溃——同时被击溃的还有鲁国君的最后军事力量和被“三桓”排挤的贵族势力。

阳虎之后，鲁国再也没有制约“三桓”的势力了，又回到了“三桓”掌控国政的局面。在这个过程中，鲁国的国君越来越不像国君。

到鲁悼公时，“三桓胜，鲁如小侯，卑于三桓之家”。基本上鲁国所有的中小贵族都被“三桓”瓜分，而国君没有了直属领土和人口。一次，鲁国国君打算举行大射仪，甚至凑不出两个合格的贵族青年子弟。

又一个倒下的贵族栾氏

尊如天地赫如神，何事人臣敢逐君？

自是君纲先缺陷，上梁不正下梁蹲！

——（宋）无名氏《春秋诗话·其十七》

栾氏与郤氏都属于晋国宗室旁支，由公族衍化为卿族，他们的作用就在于拱卫晋国宗室。两家曾经联合灭掉赵氏（赵氏嬴姓，非晋之族），也是在巩固晋景公的统治。后来公族内斗，先是晋厉公灭掉了郤氏，然后栾书又弑杀了晋厉公。

所以到了晋悼公时代，公族的势力大不如前。

晋悼公即位之初，国政把持在栾书手中，地位一如昔日的赵盾。而栾书获得的预言也和赵盾一样："栾书这个人能力和功劳比不上赵盾，权威和阴谋却比赵盾厉害。不过，整个国中的贵族都受过栾书的恩惠（带头除掉讨厌的晋厉公，并承担罪名）。所以，栾书的儿子时，大家会记住栾书的好。而栾书的孙子时，只会有栾书的恶留下。但是，赵家都躲不开下宫之难，栾氏能太平吗？"

二十年后，预言应验了。

栾书的儿子栾黡（栾桓子）仗着父亲的余威和栾书攒下来的丰厚家底，在晋国骄横无比。他作风强悍霸道，几乎得罪了当时的所有家族。但是因为国君晋悼公是栾书扶立的，所以晋悼公能够宽容他。

周灵王十三年（公元前559年）夏，晋国出兵伐秦，晋悼公自己留在秦晋边境，让六卿率领晋、齐、宋、鲁、卫、郑、曹、莒、邾、滕、薛、杞、小邾十三国联军进攻秦国本土。联军进攻到棫林（今陕西泾阳），秦国仍不肯屈服，主帅荀偃决定继续前进，并命令全军："明天鸡叫时套车，填塞水井，推平灶台，跟着我的马头的方向前进！"这时又是栾黡跳出来捣乱："什么，看着你的马头？我们晋国从来没有过这样的命令，我的马头还想往东去呢！"说完他居然擅自掉头回国了！

栾黡指挥的下军"临阵脱逃"，荀偃只好率领全军撤退。十三个国家的部队就这样灰溜溜地回来了，当时人们称这次战役为"迁延之役"。

回军的途中，栾黡的弟弟栾针和士匄（范宣子）的儿子士鞅商量："这次出兵是为了报复秦国侵略我们的栎之败，军队出来却无功而返，是晋国的耻辱，我们家兄弟两个人都在军中任职，对于家族也是莫大的耻辱啊！"两个人决定为国家挽回颜面，一起驰车冲向秦军营寨，结果栾针战死，士鞅活着回来了。栾黡听说后怒火中烧，找到士匄算账："我弟弟本来不想去送死，是你的儿子怂恿他去的，结果我弟弟死了，你儿子却活着回来了，所以，其实就是你儿子杀死了我弟弟。如果你不把儿子赶走，我一定要杀了他！"士匄只好让儿子流亡秦国。

栾黡娶士匄之女为妻，生栾盈。而士匄本来是栾书的最后支撑，但是因为这次事故，士匄也彻底变成了栾氏的敌人。

周灵王十六年（公元前556年），栾黡去世，其妻与家宰州宾私通，并侵吞栾氏之室，栾盈非常讨厌自己的母亲和州宾。

州宾非常害怕，便在范士匄面前诬陷栾盈。栾盈逃离晋国，先奔楚，后入齐。士匄诛杀了箕遗、黄渊、嘉父等十位栾氏附属的大夫，并囚叔向、伯华、籍偃等中立派。

相比于其父亲栾黡，栾盈非常谦和且能力很强，是年轻一代晋国贵族的领袖——这也是士匄迫不及待朝自己这个外孙下手的原因。栾盈虽逃亡国外，但暗中还是有很多人支持他。他说："我家为晋国所有人杀死了不合格的晋厉公，现在得到这个遭遇，谁还我们公平？"

于是他偷偷地潜入晋国，带队杀进绛城，令范氏猝不及防。士匄正和国君宠臣乐王鲋在一起，听到消息很慌乱。乐王鲋却很清醒，建议士匄采取两个对策：第一，控制国君，防守宫城，从而取得挟国君以伐不臣的大义。第二，采取果断强硬措施，控制甚至争取魏氏，剪断栾氏羽翼。士匄立即听取，他趁着国君姬彪正在办丧事，穿上丧衣，化装成女人，让两个侍女抬着他潜入宫中。入宫之后，士匄立即取得了姬彪的支持，下令加强守卫，做好应战准备。

栾氏攻势猛烈，栾氏领头的勇士叫督戎，一路厮杀，无人可挡，士匄很担心。这时候一个叫斐豹的奴隶走出来说："如果烧掉丹书（奴隶名册），为我恢复自由人身份，我就去杀掉督戎。"士匄大喜："你除掉督戎，我就请求国君烧掉你的丹书，天日可以作证。"于是斐豹出了宫门，故意挑衅督戎，引诱他追自己。督戎跟着他，斐豹翻到一堵矮墙后隐藏起来，等督戎翻墙过来，斐豹从背后发动突袭，杀死了督戎。

栾氏仍然攻势不减，并杀入宫城，准备攻击台上的宫室。士匄见情况紧急，下令士鞅带着敢死队迎击。士匄说："如果栾氏的箭射中了国君的屋子，你就去死。"生死关头，士鞅也是发了狠劲，执剑带着步卒从台上杀下来，如下山猛虎一般。栾氏的攻势终于成为强弩之末，开始撤退。士鞅又上了战车追击。栾氏的头领栾乐杀过来阻击，用箭射士鞅。士鞅大喊："阿乐你就算了吧。要是你杀了我，我就到老天那里去告你。"估计这两人打小是玩伴，栾乐听了这话，被扰乱了心思，第一箭射偏。等准备射第二箭时，战车轮子撞上个老槐树桩，结果车子翻了，栾乐摔下车，被杀。栾氏另一个头领栾鲂也受了伤。这时，其他家族前来救驾，栾氏无法支撑，栾盈只好带着残兵败将退到大本营曲沃死守。

最终栾氏被围困在曲沃城，被士匄率领的晋国军队灭族了。

栾氏一族的灭亡是咎由自取，是贵族争斗血淋淋的表现。之后，晋国国君失去了强大的公族庇护，逐步变成了傀儡，一直到春秋结束，晋国灭亡。

公开的法律才是好法律

时君过听委平衡，粉署华灯到晓明。开卷固难窥浩汗，执衡空欲慕公平。

机云笔舌临文健，沈宋章篇发咏清。自笑观光辉下阙。

——（唐）薛昭纬《华州榜寄诸门生》

进入春秋时期以后，随着社会结构和阶级关系的变动，新兴统治者为了维护自身利益，迫切要求废除旧贵族的法律特权，摆脱宗法等级制度的束缚，“不别亲疏，不殊贵贱，一断于法”。于是，楚、晋、宋、郑等国相继制定或公布成文法，打破了旧贵族对法律的垄断，增加了法律的公开性与透明度。

楚国在春秋时曾两次制定法律。第一次是楚文王时作《仆区法》。仆区之法犹近世的窝藏法。第二次是楚庄王时作《茆门法》（茆，同茅）。依照《茆门法》规定，诸侯、大夫、公子入朝时，车不得进入宫门，以保障国君的安全。

晋国自文公以后，曾四次制定法律。第一次是晋文公称霸时期，即周襄王十九年（公元前633年），“作被庐之法”；第二次是赵盾为晋国执政时制定的《常法》，包括行政法、刑法和民事法律的内容；第三次是士匄制定的刑书，主要内容是修订官吏的爵秩；第四次是士匄所作并予以公布的刑书。这是继郑国公布成文法之后，晋国开始正式公布成文法。

宋国也于周灵王八年（公元前 564 年），由宋平公命司寇乐遄制作“刑器”，即在器物上制作了成文刑书。

郑国曾两次制定法律，第一次是周景王九年（公元前 536 年），郑国执政子产鉴于当时社会关系的变化和旧礼制的破坏，因而“铸刑书于鼎，以为国之常法”。这是我国古代第一次正式公布成文法典。第二次是周敬王十九年（公元前 501 年），郑国执政驷歂杀邓析，而用其竹刑。竹刑，为郑国邓析所作。他把法律条文写在竹简上，所以史称“竹刑”。竹刑的出现在法律发展史上又是一大进步。此前的刑鼎笨重，而竹刑则便于携带和流传。

郑国子产铸刑书，将法律条文公之于众，晋国奴隶主旧贵族保守势力的代表叔向首先站出来反对，他给子产写信说：“昔先王议事以制，不为刑辟，惧民之有争心也。”“民知有辟则不忌于上，并有争心，以征于书，而徼幸以成之。”“民知争端，将弃礼而征于书，锥刀之末，将尽争之。”可见，叔向站在旧贵族的保守立场上反对公布成文法，要求坚持奴隶制的分封制、井田制和宗法等级制，保护奴隶主贵族的司法特权。而子产站在坚持改革的立场上，指出铸刑书是为了解决当前面临的问题，阐明了只有公布成文法，才能维护郑国的统治。

晋国也有子产的赞成者，那就是赵氏。

周敬王七年（公元前 513 年），荀寅在赵鞅的协助下，收缴民间铁器，准备上缴给国家。这时候荀寅声称是奉了正卿魏舒之命，将所搜集的镔铁四百八十斤熔化，熔铸成鼎，将当年士匄时代所制定的法度立于鼎上。事实上这件事的实际操控者是士匄之子范鞅。

这时晋国历史上第一次将国家法律明文昭于天下，具有非常深刻的影响，相当于以法律的形式宣布至少是在晋国“刑不上大夫，礼不下庶人”的时代已成为历史。这件事尚未完成，已在当时引起社会各界的轰动，造成世人喋喋不

休议论的同时，也遭到了春秋士大夫的强烈声讨，这是对周礼的一次巨大挑战、颠覆甚至是践踏。

执政魏舒在国都听闻三卿做出如此惊天举动，急忙下令命荀寅停工，荀寅置若罔闻，并怂恿着赵鞅勇往直前，赵鞅已是骑虎难下，只能硬着头皮跟着荀寅继续闹革命。

铸鼎完工后，荀寅、赵鞅还朝，魏舒对于手下人如此僭越甚为不满，召集诸卿组织朝会商讨事件的可行性。结果范鞅是主谋；赵鞅、荀寅为参与者；韩氏与赵氏相善；荀跞默不作声。魏舒作为正卿、一个国家执政是那样的尴尬与无助。

铸刑鼎一事在晋国影响极其深远，标志着晋国执政官权威的严重下滑，国家离心力的加剧。当晋侯不再是一国之重心，正卿尚且可取而代之。如今正卿的权威也必须受到范鞅法律的监视与钳制，晋国的向心力受到更为严重的削弱。

铸造刑鼎后，赵鞅继续深化改革。经济上，赵鞅革新亩制，调整赋税。春秋末年，适当扩大亩制有利于农业和地主经济的发展。为此，六卿都突破了“百步为亩”的旧经界。在政治上，赵鞅礼贤下士，选贤任能。他重用董安于、尹铎、傅便、邮无恤、史黯、窦犨等人。军事上，赵鞅奖励军功，以功释奴。周敬王二十七年（公元前 493 年），赵鞅率军迎战增援范氏、中行氏的郑国军队，誓师时宣布：“克敌者，上大夫受县，下大夫受郡，士田十万，庶人工商遂，人臣隶圉免。”这个命令的颁布，大大鼓舞了晋军的士气，对取得战争的胜利发挥了巨大的作用。

这些改革极大地增强了赵氏的力量，其顶峰就是侯马盟誓。以赵鞅为首的赵、韩、魏、智四卿联合灭了范、中行氏二家。侯马盟誓便是赵鞅在返回绛都后，为了巩固联合阵线，壮大发展自己实力，削弱分化敌营力量，而与自己的宗族成员、同盟诸卿，以及从敌方（范、中行、邯郸赵氏）跑过来的投诚者共同举行的宗教仪式，其历史遗存便是侯马盟誓遗址和侯马盟书。

这个盟书基本上代表了春秋法律发展的最高水平，在这份盟约中，赵鞅公开承认了奴隶转变为自由民的过程，并且规定了各种刑罚的适用范围和使用对象。可以说，从这份盟书开始，就奠定了赵国在战国称雄的基础。

士大夫和国君之间的政治博弈缩影

君之视臣如手足，则臣视君如腹心；君之视臣如犬马，则臣视君如国人；君之视臣如土芥，则臣视君如寇仇。

——先秦《孟子》

春秋末期，中原的政治生活主旋律从晋楚争霸变成了晋国内斗。到赵鞅的时代，其中最主要的就是晋国国君、公族（知氏）一方，晋国卿大夫（范氏、赵氏）一方的血拼。

这种血腥的残杀也因为晋国的巨大影响力而波及天下。

周敬王十六年（公元前 504 年），宋国司城乐祁提醒宋景公："现在的晋国麻烦不断、内乱不休，诸侯皆欲叛离晋国。如今我们既不叛离它，又不去依附它，将来晋国人会怀恨在心的。"这些年晋国人的霸道与政策多样化弄得宋国人找不着北，宋景公考虑再三，决定让乐祁亲自去晋国，向晋国示好。乐祁深感此次去晋国凶多吉少，于是接受其家臣的意见，将自己的儿子乐溷推荐给宋景公，作为家族的继承人，便离开宋国。

就在晋国为维持霸权殚精竭虑时，宋景公不计前嫌，主动派使臣前来以示顺服，晋国人深感欣慰，范鞅（晋国执政）派遣赵鞅迎接。赵鞅与乐祁在绵上会晤，二人把酒言欢，乐祁便把自己带来的六十面上好的盾牌赠与赵鞅。到都城后，乐祁也就住进了赵鞅府上。乐氏家臣陈寅觉得十分不妥："我们一族以前都是依靠范氏，如今在晋国，范氏正值强盛。这次改换门庭投靠赵氏，还将那么贵重的宝物赠与赵鞅。现在事情已经不可挽救了。您如果死在晋国，您的子孙日后必然在宋国得志。"

乐祁不以为然，或者他早已料到自己是有来无回。宋国的一代贤臣为国可谓鞠躬尽瘁，早已将生死置之度外，也早已厌倦了范鞅的贪婪，看出范氏末日的逼近。相反，他从不多的交谈中已窥测出这位尚不得志的赵鞅极有可能在晋国获得成功。为了家族，为了祖国，乐祁坚决地选择了这支潜力股。

赵鞅的一举一动都在范鞅的监视之下，政治嗅觉极其敏感的范鞅再度预测自己的正卿权威受到了赵鞅的挑衅，眼看着昔日孝敬自己的乐氏家族有改换门庭之险，立刻以执政之身强谏晋定公："乐祁，晋国与宋国的使臣，奉其主之命，来我们国家进行国事访问，却擅自行动，结好赵氏，这分明就是要与赵氏勾结，与赵鞅寻欢作乐。已经失去了作为使臣的天职，不可不严惩！"

晋定公又何尝不知道其中原委呢，但范鞅一手遮天，知道又如何？晋定公下令捉拿乐祁。这一切自然是范鞅幕后操纵，赵鞅心惊胆战。

过了一年，范鞅私下找到乐祁，为当年扣留他说明"原因"：我们国君当初扣押你是害怕宋国也反叛晋国。范鞅甚至虚情假意地请乐祁回国，用其嗣子乐溷来为父"顶班"，但是这个主意被乐祁拒绝。

释放乐祁的呼声越来越高，范鞅终于同意以范氏的名义放乐祁回国。乐祁被扣押是因为党同赵氏，被释放是因为范氏恩德。就这样，乐祁终于踏上回国之路。

然而人算不如天算，乐祁竟然还没有走出太行山就因病去世。噩耗传来，晋国朝堂一片哗然。范鞅反应极快，立刻要求夺回乐祁的尸体，以作为与宋国讲和的资本。

曾经取信于诸侯，用诚信和力量威震天下的霸主，如今却在走投无路之时手段卑劣到利用一个死人，可见这个霸主国也将不长久了。

周敬王二十三年（公元前 497 年），卿荀跞对国君说：“当年君侯命令臣僚，首先发动祸乱的人必须处死，君臣的盟书还沉在黄河里，现在赵氏、范氏、中行氏三家开始发动祸乱，如今我们仅仅是驱除赵鞅，这样的惩罚对赵氏太不公平了。法律之上人人平等，请将中行氏、范氏一并驱除！”傀儡晋定公同意了三卿的请求，

十一月，智氏、韩氏、魏氏三家军队奉晋定公之命攻打范氏、中行氏。但由于范氏、中行氏家底太过雄厚，三卿的军队竟然未能攻克叛军，反而令荀寅、士吉射恼羞成怒，决定向晋定公发动进攻。

荀寅、士吉射将囤积在晋阳的主力大军掉转方向攻打首都，晋定公惊恐万分，号召国人剿灭叛军，于是范氏、中行氏至此走上众叛亲离的道路。智氏、韩氏、魏氏三家军队为晋侯守卫国都，范氏、中行氏未能攻克，战败而逃。

这次战争的结果让人大跌眼镜，范氏、中行氏被驱赶出晋国，智氏、韩氏、魏氏损失太大，赵鞅于是乘虚而入。

自周敬王二十七年（公元前 493 年）起，赵鞅开始对晋国长达十七年的独裁，司马迁在《史记·赵世家》中注道：“赵名晋卿，实专晋权！”

知识链接 卿

卿，章也。六卿：天官冢宰、地官司徒、春官宗伯、夏官司马、秋官司寇、冬官司空。最开始卿是诸侯之下、大夫之上的一个阶层。春秋时期，大国之卿地位等同于小国之君。到了战国时代，这个词语不断弱化，最终和大夫合流，成为卿大夫，变成了平民之上、国君之下的阶层称呼。

公元前 475 年，晋定公死，姬凿继位，是为晋出公。

接任赵鞅的智瑶执掌了晋国实际权力。智氏出身于晋国公族，也一直以扶助晋国公室的面目出现，所以晋出公非常信任智瑶。

周元王五年（公元前 472 年），智瑶请求征伐齐国，夺回齐国趁晋国内乱时侵占的土地，毫无权力的晋出公自然同意了。于是智瑶出兵伐齐，大破敌军，斩杀齐国统帅颜庚，沉寂多年的晋国再次开始举起中原霸主的大旗。而事实上，智瑶借助国家的名义，利用国人义务出兵，而所有的收获却归了智氏。

此后智瑶与赵氏赵无恤联手攻打郑国，拔九城而还，将晋国在诸侯中的地位与声望大大提高，许多在晋国内乱时脱离晋国的小国都纷纷重新归附，晋国似乎有望重夺中原霸主之位。

在晋出公眼里，智瑶仿佛是个以国家为重的忠臣良将。然而，智瑶并不是像赵武一样为国努力的政治家，而是一心为智氏私利奋斗的政客。不久，在国内外既得实惠又得虚名的智瑶联合韩、赵、魏三卿，一同出击，将中行氏与范氏的家族残党统统杀尽，并瓜分了两家的领地，其中智瑶获利最丰，智氏独大。

当然，这次瓜分中不免误伤，于是还支持国君的中小领主彻底被吞并了。

消息传出，晋出公退无可退，决定孤掷一注，与四卿决裂。

然而，失去了封地和其他所有中小贵族支持的晋出公没有多少军队，而国人也被四卿瓜分，所以他只能向他国求助，请求讨伐四卿，最终获得了齐、鲁两国的支持。但四卿实力强大，迅速压制了齐、鲁的军队，还联合对晋出公发动了进攻。实力微弱的晋出公无法抵抗四卿的侵犯，失败后被迫逃亡到齐国。

晋出公出奔意味着晋国国君最后努力的失败，在霸主晋国，士大夫通过博弈最终全面取代了国君的权威。这种现象发展到顶峰，就是几十年后韩、赵、魏三家分晋。

第七章

吴越争霸：春秋争霸的尾章

烈火烹油大楚国

> 硕鼠硕鼠，无食我黍。三岁贯女，莫我肯顾。
>
> 逝将去女，适彼乐土。乐土乐土，爰得我所。
>
> ——《诗经·魏风·硕鼠》

弭兵之会后的各国之间走向了和平，晋国陷入了大臣之间的争斗，而楚国则陷入了公族之间的争斗。此时，楚国进入一个“内无法家拂士，外无敌国外患”的时代，所以“国恒亡”了。

楚国一潭死水的状态，被后来的人归纳为“社会板结”。

第一次弭兵会盟刚结束的时候，令尹子木就问来自宋国的使者声子：“楚国和晋国比，有什么不如的吗？”

声子回答说：“晋国的卿比不上楚国，但是它的大夫都很厉害，因为它的大夫来自各个地方，而且很多人来自楚国。”

子木说：“难道晋国不是同族和姻亲当大夫吗？”声子回答说：“虽然有，但是使用的楚国的人才的确很多……现在楚国经常政治动乱，楚国大夫逃亡到四周的国家，成了那些国家的主要谋士，危害楚国，无法挽救和医治，这就是说楚国不能任用贤人。子丁的叛乱使析公逃到了晋国，晋国人把他安排在国君的战车后面，让他做主谋……雍子的父亲和哥哥诬陷雍子，国君和大夫也不喜欢雍子，雍子就逃亡到了晋国。晋国人把畜邑封给他，让他当主谋……子反和子灵争夺夏姬，子反破坏了子灵的婚事，子灵逃到了晋国。晋国人把邢邑封给他，让他当主谋，抵御北狄，使吴国和晋国通好，教吴国背叛楚国……若敖氏叛乱，伯贲的儿子贲皇逃亡到晋国。晋国人把苗地封给他，让他当主谋……”最后，声子概括这么一个结论：“楚国是因为人才流失，没有合理的人才任用机制而败给了晋国。”

面对这些血淋淋的事实，楚国的令尹无言以对。

因为楚国财富和权势集中在大贵族手中，那些中小贵族失去了发展的空间，从而被迫依附于大贵族，并推动着一次次的内乱。

楚灵王就是在这样的背景下，杀死自己的侄子登上王位。周景王八年（公元前 537 年），楚灵王大会诸侯，派人去各国，请他们来楚国的申地会合，可是，楚灵王却并没有利用好这次会盟的机会，鲁国和卫国没来参加，宋国更是只派了一个代表。这使楚灵王很不愉快，尤其晋国没有参加，更使他恼怒不已。

大臣伍举告诉楚灵王：“这情况确实不是一个好兆头，我们一方面要对到会各国以礼相待，同时也要展示我们的武力，使诸侯心有敬畏，然后再讨伐那些没有到会的诸侯。”楚灵王没有把他的话放在心里。他在这次会盟中，处处表示出骄纵的习气。当场侮辱别国派来的使臣，杀死一些无辜的下属，并且对到来的各国君主毫无礼貌，这就埋下了祸根。

楚灵王对外只信强权这一套。为了博得好名声，他进攻吴国的朱方，俘虏了曾经参与弑齐庄公而逃到那里避难的原齐国执政庆封，杀死他一族人，并且将庆封拉到街上示众。

楚灵王向着公众宣布说：“大家都不要学庆封的样子。他杀死了自己的国君，欺压老百姓，还强行让大夫们都支持他。”庆封便反唇相讥：“大家也不要学楚共王的儿子围那样，杀死了自己的国君，那国君便是自己的亲侄子，还要强行让诸侯支持他。”

庆封这席话羞辱了楚国——而满街的人都掩口而笑，没有人为自己的君王仗义执言。楚灵王恼羞成怒，传令把庆封杀了。

楚灵王为报复又去伐吴，却失败了。他为了掩盖失败，不去想整顿军务，却下令修建宫室，造起了一座宫殿，名为章华宫，极尽精美。建好高台后，楚灵王又派传臣去诸侯国召集诸侯，来庆贺落成，并从此住在章华宫中享乐起来。楚灵王就这样为所欲为，连年战争耗费了先辈多年的积累，花天酒地失去了民心。

周景王十六年（公元前 529 年）冬，楚灵王又发兵去打徐国（吴国的属国）。

当时正值下雪天气，士兵们身着皮甲，手执兵器，暴露在风雪之中，寒冷难耐。楚灵王却身穿“腹陶裘”，外披“翠羽披”，在燃烧火炉的帐中觉得热，于是走出中军帐观赏雪景，连声赞叹“好雪！”这种做派彻底让楚灵王失去了军心民心。

公子弃疾（楚灵王的弟弟，后为楚平王）等趁楚灵王在外的机会，杀掉楚灵王的儿子太子禄和令尹公子罢敌，拥自己的另一个哥哥公子比为王；同时还派人到乾溪去向楚国的官兵说：“你们的国家已经换了新的国王，你们要回去的话，可以留任原来的官位，也不会失去封地；如果你们不回去投靠新王，继续跟着这个昏君，那么你们被抓住以后，就要被杀头并夷灭三族，夺爵除封。”

让他这样一说，楚灵王的部队本来就非常不满，一下子作鸟兽散，只剩下楚灵王。

楚灵王一个人在野外游荡，活生生饿死了。楚灵王死后，死讯一时没有传开。公子弃疾听从手下献计，假称楚灵王带领大军杀回来了，吓得新王和新的令尹自杀了，于是他自己登上王位，成为楚平王。

柏举之战（上）：吴国霸业的开端

蓼花蘸水火不灭，水鸟惊鱼银梭投。

满目荷花千万顷，红碧相杂敷清流。

孙武已斩吴宫女，琉璃池上佳人头。

——（五代）李璟《游后湖赏莲花》

伍子胥因政治迫害而到了吴国，因为来自大国的贵族身份，受到了吴国的隆重对待。此时，吴王僚刚刚继位执政，公子光为将军，伍子胥就成了吴王僚身边的大夫。伍子胥觉得吴王僚不是一个英明的君主，因此在任上也只是尸位素餐而已，并没有什么出彩的表现。

吴楚两国本是世仇，战争一直不断。当时吴楚两国边境的村庄相连，分属两国的两个女子为争采桑叶互相厮打而大怒，以至于引起村子间械斗，然后层层升级，引发两国兴兵交战。吴国派公子光讨伐楚国，攻破楚国的钟离、居巢凯旋。伍子胥劝吴王僚说："楚国可攻破，希望再派公子光去。"伍子胥的目的是想将野心家公子光踢出权力中心，从而稳定吴国政局。公子光反对说："那伍子胥的父兄被楚王杀害，他攻打楚国是为自己报仇。现在不能攻破楚国。"吴王僚本来就不想和大国楚国不死不休，所以顺坡下驴，与楚国议和。

伍子胥知道公子光有野心，想杀掉吴王而自立为王。可是对伍子胥来说，报仇才是第一位的，胸无大志的吴王僚并不是最好的选择。于是伍子胥辞官归隐，带着公子胜亲自下田耕作。

伍子胥的识趣和精明让公子光很满意，于是公子光来到伍子胥的隐居处，和伍子胥结交。伍子胥也曲意奉承公子光，迅速地成为公子光的心腹谋士。

伍子胥从楚国流亡到吴国途中，见“专诸方与人斗，将就敌，其怒有万人之气，甚不可当”。伍子胥知道专诸是一位敢于赴难的勇士，就与之结交，后来就将他推荐给了公子光。公子光得到专诸以后，像对待宾客一样地好好待他。专诸只不过是一个平民，而公子光是一个大贵族，两人平等相交，专诸非常感动，于是答应公子光成为他的死士。

周敬王四年（公元前 516 年），楚平王病死。当初，楚平王和自己大儿子的法定配偶秦女所生的儿子公子轸直接即位称王，就是楚昭王——这个从血缘上就带着“肮脏光环”的年轻王者得不到楚国人的承认。

吴王僚趁楚平王死了、楚昭王忙于稳定局势的时机，派自己的两个亲信公子率兵袭击楚国。但是战事不利，在外敌入侵下，楚国人反而团结在楚昭王身边，切断吴军的后路。

这时公子光对专诸说：“这个机会不能失掉，不去争取，哪会获得！我才是这个国家的真正继承人，请你为我效劳吧。”专诸回答说：“吴王僚是可以杀掉的。大军在外，而国内没有正直敢言的忠臣，再加上他的母亲年老、儿子年幼，这样的吴王僚只要死了，就立刻烟消云散了。”公子光以头叩地说：“以后你的家人就是我的家人，你身后的事都由我负责了。”

死士专诸亲自动手，公子光的阴谋计划开始实施了。

周敬王五年（公元前 515 年），公子光在地下室埋伏下自己的精锐甲士，备办酒席宴请吴王僚，吴王僚本身对公子光也不信任，于是他派出卫队，从王宫一直排列到公子光的家里，立在门户、台阶两旁。安全措施做到了极致，夹道站立的侍卫都举着长矛，身穿重甲。

宴会到高潮的时候，公子光假装脚有毛病，就离开地下室。这个时候，专诸扮作厨师，把名剑鱼肠剑放到鱼的肚子里，然后把鱼进献上去。专诸走到吴王僚跟前，趁机掰开鱼，用削铁如泥的鱼肠剑刺杀吴王僚。吴王僚当场就死了，专诸也很快被侍卫杀死。

政变发生后，果然如计划的一样，没有人为吴王僚鸣冤。公子光迅速自立为君，是为吴王阖闾。吴王阖闾即位后，厚待死去的专诸家人，并召伍子胥赐官行人（相当于外交大使），与他共商国是。

吴国经过吴王阖闾和伍子胥这对君臣组合的一系列改革，具有了强大的经济实力，吴王阖闾开始把重点转向军事发展。他重用军事家孙武，转变传统的作战方式，以大量廉价的步兵取代车兵成为军事主力，同时努力提高士兵的战术素养，加紧制作锋利的兵器，随时准备发动对楚国的战争。

很快，战争的外部环境成熟了。

楚昭王即位后，楚国内部政治黑暗、军事无能、民众怨愤、君臣离心的情况更加严重。所以说，当时的楚国虽然貌似庞然大物，余威尚存，可其实早已是外强中干，是经不得风吹雨打的。

然而，从整体的人口和领土面积上来说，楚对吴还具有一定的优势。周敬王八年（公元前 512 年），吴王阖闾第一次提出大举攻楚的战略计划时，睿智的孙武即以“百姓还没有休息好”的理由加以劝阻。

吴王阖闾采纳了孙武的建议，决定试探一下楚国的虚实。他一举灭亡了楚的附庸国徐国（今江苏南部地区）。楚国此时虚脱不堪，对此也无可奈何，眼睁睁地看着吴国做大。

更为重要的是，吴国采用伍子胥提出的“疲楚误楚”的高明战略方针，继续扩大吴楚两国的战力差距。具体做法是，利用吴军的水军优势带来的高机动

性，将吴军分为三支，轮番出击，骚扰楚军。当时，吴国已经实现了职业军人化，士兵少而精锐，而楚国依然是农兵合一，士兵多而废弛，在这种运动战中，楚国逐渐疲惫。

这一措施实行了六年有余，吴军先后袭击楚国的夷（今安徽涡阳附近）、潜（今安徽霍山东北）、六（今安徽六安北）等地，害得楚军疲于奔命，士气全无。同时，吴军这种一战即走的骚扰作战也给楚军造成错觉，误以为吴军的行动仅仅是“骚扰”而已，根本不敢和楚国正面对抗。

就这样，楚国在盲目自大中放松了应有的警惕，最后彻底沦为失败者。

柏举之战（下）：楚国衰败的起点

周敬五十四年（公元前506年），在吴王阖闾、国相伍子胥、太尉孙武的超级豪华组合领导下，多年积蓄能量的吴国终于开始了对楚国的全面战争。

这年秋天，楚国大军围攻蔡国（此时蔡国领土四面都是楚的地盘），蔡国在危急中向吴国求救。另外，唐国国君也因愤恨于楚昭王的不断勒索而主动与吴国通好，要求联合抗楚。唐、蔡两国虽然面积小，但是战略地位相当重要，所以吴国通过和它们结盟，就可以实施避开楚国正面，进行战略迂回、大举突袭、直捣腹心的战略计划。

同年冬天，吴王阖闾亲率其弟夫概和谋臣武将伍子胥、伯嚭、孙武等，倾全国之力，共三万水陆之师，发动对楚国的入侵大战。

吴军从淮水下游溯流而上，直接进抵淮汭（今安徽凤台附近，一说今河南潢州西北），深入楚国腹心。此前的五百年中，从来没有敌人能深入汉水来威胁楚国，所以楚国人懵了。

楚军在极其慌乱而被动的情况下仓促应战。令尹囊瓦、左司马沈尹戍、武城大夫黑、大夫史皇等人率军赶至汉水西岸进行防御，和吴军大部对峙。

楚军中左司马沈尹戍是一位头脑冷静的优秀军事指挥家。他针对吴军作战的特点，向统帅囊瓦提出如下建议：由囊瓦率楚军主力在汉水西岸继续和吴军对峙，而由他本人北上方城（今河南方城县境），征集楚国北部边境的边防军，迂回到吴军的侧后，毁坏吴军舟楫，阻塞三关，切断吴军的归路，然后将后路已失的吴军一网打尽。

囊瓦起初同意了沈尹戍的建议，可是待沈尹戍奔赴方城后，他听到别的建议："吴军连年征战，已经疲惫，现在正是建功立业的时候。"又觉得自己作为令尹，而坐视敌军在楚国境内烧杀抢掠，是失责。于是采取冒进速战的方针，不待沈尹戍军完成迂回包抄行动，单独渡过汉水向吴军进攻。

吴军见楚军主动出击，主动由汉水东岸后撤，同时在后撤不断聚集分散劫掠的兵力。囊瓦果然中计，尾随吴军而来，连续与吴军交战。然而此时楚国的主力是车兵，而吴国的主力是步兵，在地形限制下，楚军进攻总是失利，由此而造成士气低落、军队疲惫。

吴军见楚军主力已陷入完全被动的困境，而且沈尹戍收拢的军队也将抵达汉水战场，于是当机立断，准备战略决战。

十一月，吴军在柏举（今湖北汉川北，一说湖北麻城）列阵迎战楚军。楚军一触即溃，阵势大乱。柏举之战获胜后，吴军趁机发起追击，尾追不舍，终于在柏举西南的清发水（今湖北安陆西的涢水）追上楚军主力。

因为楚国多山岭河流，所以车兵的移动速度是比不上步兵的。败退之中，楚军的主力部队基本上被歼灭。回援的楚军沈尹戍部也因为吴军行军速度太快，猝不及防之下被吴军一击打穿阵线。至此，楚军全线崩溃，郢都（今湖北江陵西北）完全暴露在吴军面前。

十一月底，没有对手的吴军一举攻陷郢都。楚昭王惶惶如丧家之犬逃往随国（今湖北随州），此时唐、蔡军也配合吴军，牢牢牵制住楚国东部的边防军，于是郢都周边出现了兵力真空。

吴军进入没有任何威胁的郢都后，烧杀抢掠，将楚国多年积累的财富和大国威严毁于一旦。对来自蛮荒之地的吴军来说，郢都实在是太繁华了，而且伍子胥有意放纵军纪，好让士兵们彻底毁灭郢都。楚平王在去世前就得知伍子胥在吴国日夜蓄谋报复，于是楚平王在病危的时候，就下令在郢都南区开挖出一个人工湖，将自己的陵墓修建在湖底，然后葬入棺椁，引河水蓄满湖水，以确保自己死后的安宁。

哪想到伍子胥的滔天恨意，岂是一个小小的湖泊能阻拦的？

他下令征发楚国三万民夫，切断河道，抽干湖水，毁去陵墓，将楚平王的尸首暴晒，然后一边焚烧帛书，祷告祖先，一边披头散发，亲自鞭尸三百。这种行为恍如魔鬼，就连吴国将卒都骇然色变。

消息传出后，本就因为吴军横行无忌的楚国民众更是睚眦迸裂、义愤填膺，他们团结在各个贵族身边，以贵族士兵为核心，和吴国军队死战。曾经伍子胥出奔楚国时，对自己好友申包胥说：“我在楚国蒙受这么大的冤屈，而偌大的楚国竟然没有一个君子为我申冤；我从郢都一直逃到楚国边境，这么多楚国人竟然没有一个人伸出援手。这是一个该死的国家啊，如果不灭亡，哪有什么天理在呢？我在此向皇天后土发誓，有一天我必将攻破郢都，洗涤这罪恶之城。”申包胥听到伍子胥的誓言说：“楚国有错，难道你这种誓言不是一种错误吗？以暴易暴，难道就符合天理吗？我听说错误的誓愿是不会有神明可以接受的。我年轻位卑，现在不能帮助你，已经是一个错误了。如果等你以后攻打楚国，我不阻止你，就会是另外一个错误。我也立誓言，你如果攻破楚都，我就一定会恢复楚国。”

现在，伍子胥的誓言应验了，申包胥也目睹了郢都的惨状，连夜疾奔到秦国都城咸阳，向秦孝公求救。但是，秦国鞭长莫及，而且很显然希望楚国在吴国的蹂躏下更加疲弱，所以秦孝公借口有大臣阻挡，拒绝了申包胥的要求。申包胥于是立于秦国的朝堂上，连哭七日七夜，最后血泪都哭出来了。这感动了秦国人，秦孝公慨叹说：“楚国无道，有臣子投奔敌国来灭故国。可是有申包

胥这样的臣子，楚国还没有到灭亡的时候！”于是，秦国出兵车七百乘，在申包胥的引领下，入郢都帮助楚国平叛。

申包胥率领的秦兵抵达郢都，得到了楚国士民的帮助，迅速以少数兵力和吴军对峙。申包胥派人去见伍子胥说：“你今天已经应验了你的誓言，但是鞭尸君王，难道不觉得过分吗？”伍子胥听完后，伤心地回答道：“我背离了自己的故国，是为不忠；违背了父亲让我自杀的命令，是为不孝；接近侠客，确实利用他的命，是为不义；如果我再不验证誓言，不信，还能怎么在这个世间立足？郢都是一个罪恶之城啊，这里的一切都如同太阳西下，而归途遥远，我还能怎么办啊？我这个罪人只能倒退着往后走，用错误的方法来应对罪恶的世界。”

此时，楚国军民在申包胥和楚昭王的带领下，反抗越来越激烈，越国乘吴国国内空虚发兵进袭吴都，公子夫概又企图夺取王位，吴王阖闾被迫撤离楚地，引兵东归。

楚虽然很快复国，但元气大伤，积攒多年的财富被掳掠一空。不过有利的一面是，楚国的大贵族势力遭到了沉重的打击，之后的楚国轻装上阵，不断地进行着小规模的改革，最后依然在战国时代风生水起。

晋国称霸战争的终点

峰峦如聚，波涛如怒，山河表里潼关路。

望西都，意踌躇。

伤心秦汉经行处，宫阙万间都做了土。

兴，百姓苦；亡，百姓苦。

——（元）张养浩《山坡羊·潼关怀古》

楚国被吴国攻破国都，退出了争霸游戏，晋国也因为内部斗争而元气大伤。再加上外部形势日益陷于被动，在晋悼公之后，晋国的霸业就名存实亡了。

第一就是威慑力的降低，收不上足够的“成”。

诸侯国向晋国缴纳的“成”负担很重，郑国尤其如此。于是郑简公到晋国去参加“联合国大会”（听取工作安排，承担上缴任务份额），名臣子产托随行的子西带去一封信给范宣子（士匄），信上说：“您治理晋国，四邻诸侯不听说您的美德，却听说收很重的贡品，我对此感到困惑。我听说君子掌管国家和大夫家室事务的，不是为没有财货担忧，而是为没有美名担忧。诸侯的财货聚集在晋国国君的宗室，诸侯就离心。如果您依赖这些财货，晋国人就会离心。诸侯离心，晋国就垮台；晋国人离心，您的家室就垮台，为什么执迷不悟呢？那时哪里还需要财货？说到美名，它是传播德行的工具；德行，是国家和家室的

基础。有基础就不致垮台，您不也应当致力于这件事吗？有了德行就快乐，快乐就能长久。《诗经·小雅·南山有台》说：‘乐只君子，邦家之基（快乐的君子，国家的基石）’，说的是有美德啊！《诗经·大雅·大明》说：‘上帝临女，无贰尔心（上天监视着你，不要使你的心背离）’，说的是有美名啊！用宽恕的心来显示德行，美名就会载着德行走向四方，因此远方的人闻风而至，近处的人也安下心来。宁可让人说‘您的确养活了我们’，而能让人说‘您榨取了我们来养活自己’吗？象有牙齿而毁灭了它自身，就是由于财货的缘故。”

晋国执政范宣子虽然贪婪，但还是被迫减轻诸侯之币，因为子产在信中明确了一个事实：晋国国力下降，如果负担太重，郑国就会投入楚国怀抱。

范宣子死后，赵武为执政，“令薄诸侯之币，而重其礼”。晋为了维持霸业，被迫改善与各国关系，也一再减轻各国进贡的数量。

第二就是国际形势的恶化。虽然弭兵之会后，楚国彻底被晋国甩下去了，但是秦国和齐国并没有参与这次和平大会。晋虽一直希望与秦修好，而秦则始终亲楚而敌晋。在楚、晋相争中，楚几次得到秦军援助，使晋一直需要双线作战。

晋对齐虽采取谨慎与拉拢政策，但齐国不甘心霸主权杖的失落，一直把矛头对准晋和晋的铁杆盟友鲁国。

从周灵王十四年（公元前558年）起，齐连年攻鲁之北鄙，并使邾攻鲁之南鄙，还公然不参与晋之会盟（溴梁之会）。周灵王十七年（公元前555年），晋联合鲁、宋等盟国大规模地攻打齐国，围齐都临淄，东侵及潍水，南略及沂水，齐被迫与晋讲和。周灵王二十二年（公元前550年），齐先助晋栾盈返晋，继而出兵伐晋，深入晋国腹地——这是春秋史上晋国第一次被敌军侵入腹心地区。

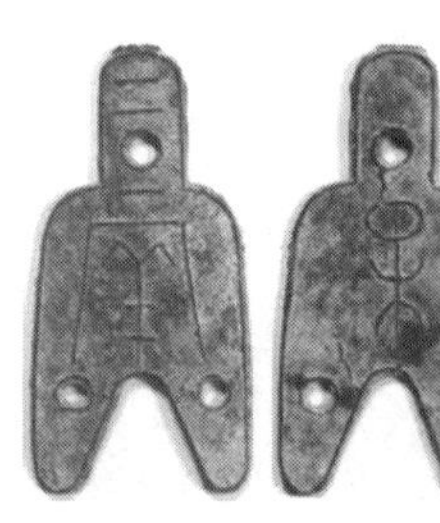

▲ 铜铸币

弭兵会盟后，晋与齐举行了单独会盟，但是双方都知道，这些盟约随时会被撕毁。

春秋年间，晋国三线作战的战略态势一直没有改变过。

第三就是国内的剧烈争斗，这种争斗不仅仅消耗国力，而且消耗了晋国的国民精神。最好的例子是赵武之死。

结束弭兵会盟的路上，郑简公邀请赵武、叔孙豹到郑国都城参加国宴。宴会后，赵武、叔孙豹与郑国君臣开怀畅饮。一群贵族在酒宴中以吟诗为乐，不亦乐乎！趁着酒劲，赵武赋《常棣》，与罕虎、叔孙豹称兄道弟："咱们兄弟几个亲密无间，不用去在乎世俗之人如何看待！"一生谨慎的赵武很难得说出这样的话，叔孙豹、罕虎、公孙侨及曹国的使臣都举杯下拜："我们这些小国就是仰仗着您这样的君子才得以免除战祸！"

酒宴之中，大家都喝得兴起，赵武借故离席而出，又似乎换了个人，诺诺私语："我永远也享受不到这样的快乐了！"——在晋国是不可能出现君臣其乐融融的景象的。

前文说过，作为霸主国执政的赵武死前发出"朝不保夕"的哀鸣，并很快在一片平静中郁郁地死去。在历史学家看来，他是晋国最后一位一心为公的执政，以后的晋国政权都变成了士大夫和国君手中争斗的玩具。

柏举之战的时代，晋国不再关注"争霸游戏"，楚国被吴国狠狠蹂躏，齐国内乱，秦国闭锁，可以说除了吴越争霸外，整个"世界"进入了少见的平静时期。

槜李之战和夫椒之战：地缘决定的国家争斗

誓扫匈奴不顾身，五千貂锦丧胡尘。

可怜无定河边骨，犹是深闺梦里人。

——（唐）陈陶《陇西行》

吴国方兴未艾，楚国不能与它正面对抗，只好将目光投向吴国的后方——越国，制定并实施让越国崛起、吴国后院起火的战略。

周敬王十年（公元前510年），越王允常登上王位。允常雄心勃勃，借助楚国大力资助的东风，在国内整军经武，积蓄国力，等待崛起的时机。

越国和楚国的勾结引起了吴王阖闾的密切关注，因为吴国此时已做好再次攻楚的准备。远征大军蓄势待发，而越国的举动却让吴国君臣如鲠在喉。柏举之战时，吴国被迫退兵有一部分原因就是越国的骚扰，虽然此后越国求和，以吴国为宗主，但是这也不能让吴王阖闾安心。于是吴国君臣设下一条妙计：以兄弟邻邦的名义，相约共同出兵伐楚。吴国还派出使者威胁越国说，吴国大军蓄势待发，不是楚国就是越国，越国若不能按吴国要求去做，吴国就只能认为越国存心助楚，与吴为敌，希望越国三思。

但雄心勃勃的允常岂是俯首听命之辈？再加上文种、范蠡等来自楚国的士大夫一直夸耀楚国的强大，不可以丢掉这个后援，越必须坚决助楚。从地缘战略上来说，如果吴国战败，远在荆地的楚国无暇东顾，那么越国就可以趁机侵吞吴国领土，扩大势力；若助吴抗楚，楚国一灭，吴国失去牵制，肯定会掉转头攻打越国。

越王允常没得选择，只能继续坚守楚越同盟。他婉言答复吴国使者，限于国内种种情况，暂难出兵，如若吴国固执己见，一定要就此对越国用兵的话，那将是“吴不信前日之盟，弃贡赐之国而灭其交亲”。

根据当时星象学的测定，天上的岁星恰好与地下的吴、越两国相呼应，这种岁星与国家呼应的现象表明，两国都可受到天命的保佑，但是二国中如有谁先动兵，就会反受其害。所以，吴王阖闾在得到越王允常的委婉答复后，对是否用兵伐越有点儿犹豫。这时大军事家孙武分析说：“明群贤将，所以动而胜，先知也。先知者，不可取于鬼神，不可象于事，不可验于度。心取于人，知敌之情者也。”孙武的观点最终坚定了吴王伐越的决心。

于是吴王阖闾以伍子胥、孙武为将，移师南下，征讨越国，是为第一次槜李之战。吴军在孙武的指挥下势不可当，越军当然不是对手。吴军轻松大获全胜，并在越国土地上烧杀掳掠，获得大量的辎重补给。

然而，吴军的暴行也彻底激怒了越国人。此次槜李一战揭开了吴越之间长达三十多年生死厮杀的大幕，很快越国的报复就来了。

槜李之战失败，越王允常忧愤而死，子勾践继位，很快开展了对吴国的反攻，是为第二次槜李之战。

此时吴军主力都在孙武指挥下攻击掳掠楚国，吴王阖闾只率领部分士卒迎战。吴越大军对峙，越军派遣敢死队挑战，三次冲向吴阵，全部失败。最后越王让犯死罪的囚徒走到吴军阵前，举剑自尽。吴军只顾观看这种奇怪的现象而放松防备，越军趁势攻击，在姑苏（今江苏苏州）大败吴军。

战斗中，越国大夫董姑浮攻击吴王阖闾，斩落吴王阖闾脚拇指。

回到吴都后，吴王阖闾很快因伤口感染病死。临死前，吴王阖闾命立太子夫差为吴王，对夫差说："你能忘记勾践杀死了你的父亲吗？"夫差回答说："不敢忘。"

吴越之间的仇恨是不可以消除了，只有一个国家灭亡才能解开。

夫差登位后，励精图治，每天让侍从在府邸中大声地喊："夫差，你忘了自己父亲的仇恨吗？"夫差就恭敬地回答："不敢忘。"然后继续投入工作中。

消息传到越国，越王勾践非常害怕，不顾范蠡、文种的劝阻，决定先发制人，出兵攻吴。吴王夫差得知消息，尽出吴国精兵迎战。

双方于夫椒大战。此时吴军数量多而精锐，越军又骄傲轻敌，所以越军战败，损失惨重，仅剩五千余人，被围困在会稽山（今浙江绍兴南）。

越王勾践无计可施，采纳大夫范蠡、文种建议，派文种以美女、财宝贿赂吴太宰伯嚭（楚国名臣伯州犁之子），请其劝吴王夫差准许越国附属于吴。

伍子胥进言说："天以越赐吴，勿许也。"然而，太宰伯嚭接受了越国的贿赂，劝吴王说："越已服为臣，若赦之，此国之利也。"吴王夫差想要的是报父仇和争霸，现在击败越国，父仇已经报了，而越国服软，则能体现自己霸主的权威，于是答应了越国的请求。

周敬王二十七年（公元前493年），吴越达成和议：越国成为吴国的附属国；越国每年向吴国进贡宝器、美女、粮帛若干；越王勾践入吴国都城为奴三年；越国派兵跟随吴国对楚国作战；太宰伯嚭为越国相三年……

吴越毗邻，地缘政治决定了两国是天然的对手。夫椒之战，吴王夫差虽然获胜，但许越议和，没有乘胜一举灭越，为以后越国的发展及继而攻灭吴国埋下了隐患。

南北水运沟通的开始

霜落邗沟积水清，寒星无数傍船明。
菰蒲深处疑无地，忽有人家笑语声。
——（宋）秦观《秋月·其一》

大败越国，自认为后顾无忧之后，吴王夫差开始北上争霸中原。

周敬王三十一年（公元前 489 年），夫差听说齐景公死后大臣争夺权势，新立之君根本无力控制局势，于是准备攻打齐国。国相伍子胥劝谏说："越王勾践回到越国后，吃饭不设两样以上的菜肴，穿衣不用两种以上的颜色，在越国改革发展，安抚民众，这是想到利用民众伐吴报仇啊。现在越国是我国的心腹大患，而齐国不过是远在天边的敌人。您不注重心腹之患，反而把力量用于中原，岂非大错特错！"

夫差不听，决意北伐齐国。

不过吴国核心地区是今太湖地区，而齐国的核心地区在今山东半岛上，双方相隔太远，吴军北伐最大的敌人不是齐军，而是漫长的补给线。

于是，为了运送补给，吴国大修水利。

周敬王三十四年（公元前 486 年），夫差在邗（今江苏扬州附近）筑城，又开凿邗沟，连接了长江、淮河。他还利用长江三角洲天然便利的河湖港汊，疏通了由苏州经无锡、常州北入长江到扬州的“古故水道”，与邗沟相连；后来吴王又在今山东菏泽一带开凿菏水，使钱塘江、长江、淮河、黄河四大水系相连。

可以说，夫差天才创意的行为成为南北水运沟通的开始，对我国经济、政治发展产生了巨大的影响。

黄河流域是华夏文明的发源地，它的中下游也是春秋时代经济、文化、科学最发达、最昌明的地区，也是人口最稠密、政治思想最为活跃之所在。黄河、淮河、长江都是东西并行的河流，这样造成了春秋时期东西交流便利，而南北隔阂。比如吴国，其崛起更多的是与楚国的对抗和交流。可以说，因为缺乏南北流向的天然河流，造成了发达的黄河文明不能很好地向南方扩散。

对吴国来说，开凿了邗沟就等于打开了北上的大门，能够让国家迅速地吸收来自北方的先进文明，而且利用水运，吴国的军事威慑力直抵山东半岛。在经济上，南北货物流通，更是带来了邗沟周边地区的经济大发展，对吴国内部的经济流通起着重大的作用。

吴国建设邗沟北上之心，昭然若揭，作为老牌强国齐国，显然不能忍受夫差利用运河之便，威胁齐国的核心地区。双方很快爆发了艾陵之战。

周敬王三十六年（公元前 484 年），北上的吴军和南下的齐军在艾陵地区形成对峙局面。由于双方兵力各为十万，大体相当，于是吴上、下、右军分别由大夫胥门巢、王子姑曹、展如指挥，与齐军相对列阵。吴王夫差亲自指挥中军，列于吴三军阵后为预备队。齐军由国书率中军，高无邳率上军，宗楼率下军。吴军胥门巢率上军先到艾陵地，齐将国书亦至。公孙近率部迎天军，国书助之，大败胥门巢。时鲁将叔孙州仇率兵会吴，引吴国大军至艾陵西五里下寨。

在战斗刚一开始，齐元帅国书沉不住气，遂把三军全部投入战场（投入太早就没有后续攻击力量了）。吴王夫差则保留了中军主力，只以己方上、下两军顶住对方三军攻势，到了实在不支的时候，再令伯嚭驰援。

齐军被迫抽出部分主力，应付伯嚭。但是齐国内部人心不齐，军事结构混乱，战场的临时调度引起了恐慌。夫差敏感意识到决战时机到来，立刻抛出自己按住未发的预备队——中军主力，从侧面对敌三军实施出其不意的猛烈攻击，好比一股猛烈的火焰冒出地底，潮涌似的冲击已然疲困的齐三军。战士呼号搏击之声，传闻数里。齐人上下惊恐，阵势大乱，无力抵抗对方疾风骤雨的攻击，再兼被吴上、下两军撕咬，齐军终于崩溃。

和楚国一样，齐军主力依然是战车，而吴军的主力则是孙武改革后的步兵，撤退上，战车速度远低于步兵。因此，十万齐军只有极少数人逃离。

战术上，夫差体现了高超的指挥艺术，他军力安排错落有致，区分为诱敌、接战、预备力量三种，自己直接控制强有力的机动主力部队，显示出高度的军事指挥艺术。

战略上，吴军依托于邗沟水运，后勤补给充足，士卒也可以在船上得到充分的休息，虽然是远道而来，但因为装备、后勤等因素反而形成了反客为主的局面，最终轻松围歼敌军。此次战争对我国战争史产生了重大的影响，此后作战双方基本上都会依托河流布阵，水运通畅与否成为决定军事成败的重要因素。

知识链接 水军

“水战之具，始于伍员。以舟为车，以楫为马。”这些代替陆上车马的舟楫，为水军的建立创造了条件。《越绝书》记载，伍子胥还著有水战法，规定舟船的尺寸、水军的编制和船队的战法。当时，秦、越、楚、齐国都有一定量的舟师。而在伍子胥的主持下，吴国则保留着一支成建制的水军，这一点是吴国军事力量的重要组成部分。

第八章

列国分崩：古典中国时代结束

子贡一出动天下

为天地立心，为生民立命，为往圣继绝学，为万世开太平。

——（宋）张横渠《四句教》

“绿帽子”事件后，陈氏一家独大。经过几十年经营，陈氏的家主田常（春秋姓氏中，陈就是田）觉得可以篡夺齐国了，打算在齐国造反，但是他还忌惮高、国、鲍、晏四大家族的势力，所以调动军队打算讨伐鲁国，好建立自己的名声，也好扩大自己的封地。

正在列国周游的孔子听说后，对他的弟子说：“鲁国是我们祖先的坟墓所处的地方，是我们的祖国，国家面临如此大的灾难，你们为什么不采取行动呢？”子路请求出使齐国，孔子阻止了他。子张、子石也请求前去，孔子没有答应。子贡请求前去，孔子准许了。

为什么孔子单单答应子贡作为使者呢?

子贡是孔子的得意门生，入室弟子之一，出身于没落贵族，自己是个大商人，在列国之间有着巨大的影响力。他本身就游走于列国之间，而且在孔子的弟子中负责迎来送往的任务，跟随孔子学习如何做使者（行人）的学问。

子贡抵达齐国，求见田常说：“您攻打鲁国是错误的。鲁国是最难征服的国家，它的城墙又薄又矮，它的土地又贫瘠又低洼，它的国君愚蠢不施仁政，它的大臣虚伪而且没有用处，它的百姓又都讨厌战争，因此不能和敌人抗争。您不如去讨伐吴国，吴国城墙又高又厚，土地又广大又肥沃，兵甲又硬又新，大臣既有才能又团结一心，所有的百姓都习惯连年征战，因此容易讨伐。”

听到子贡的反话，田常勃然大怒地说：“你说困难的，是别人认为容易的；你说容易的，是别人认为困难的。到底是什么原因，让你来戏耍我呢？”

子贡并不害怕田常，轻蔑地对田常说：“我听说，国内有忧患的就攻打强国，国外有忧患的就去攻打弱国。如今您的忧患在国内。如果讨伐吴国，那么战争必定失败，士兵在国外战死，大臣在内部空虚，因此你在上就没有了强大的大臣作为政敌，在下就没有士兵百姓的反对，孤立国君控制齐国的就只有您了。”——你的目的是田家的利益，而不是齐国的利益，当然需要齐国吃败仗了。面对子贡支持田常篡位的表态，田常只能说：“很好。”然后让子贡出使吴国。

子贡南下抵达吴国，吴王用最隆重的待遇对待这位名满天下的人。子贡游说吴王说：“我听说，施行王道的不能让诸侯属国灭绝，施行霸道的不能让另外的强敌出现。如果大王的心思是想称霸天下，那么攻打齐国，是能获大利的事情。安抚泗水以北的各国诸侯，讨伐强暴的齐国，震慑强大的晋国，没有比这样做获利更大的了。而且这样做能保护鲁国，获得鲁国人的好感。”——春秋时代，鲁国有发达的历史记录系统，相当于鲁国人掌握着历史话语权，任何一名霸主的确定，都需要鲁国人不遗余力地宣传。

▲ 子贡

儒门的最主要势力在鲁国，而鲁国

乐于看到吴国北上，所以吴王高兴地说：“好。”可是他还是在伍子胥的劝谏下，对越国保持警惕，就请教子贡该怎么做。子贡吹捧吴王并贬低了越王一番后，答应为吴王夫差出使越国，好安定吴国的后方。

子贡的出使和行商是一体的，他走到哪里买卖就做到哪里。因此，到越国时子贡的车队有一千辆车，带着大量来自中原的货物。

这个使团惊动了越国，也更加彰显了子贡的能量。于是越王勾践派人清扫道路，到郊外迎接子贡，并亲自驾驭车子到子贡下榻的馆舍求见。两人在馆舍中相见，分庭抗礼，也就是说子贡凭借自己的名声、财力和儒门的支持，能够在礼仪上得到和一国诸侯一样的待遇。

勾践以最隆重的跪地再拜礼节对子贡说：“我曾不自量力，才和吴国交战，被围困在会稽，我现在唯一的愿望是和吴国同归于尽。”于是问子贡该怎么办。当时的贵族都是有节操的，所以勾践并不担心子贡到夫差面前出卖自己。

子贡回答说：“吴王为人刚愎自用，大臣们难以忍受；国家连年征战，士兵难以忍受；吴国赋税沉重，百姓难以忍受。现在伍子胥已死，太宰伯嚭当权，贤人被杀，小人当道，这是残害国家的政治表现啊。现在大王如果能顺从吴王的心意，出兵追随吴王，用贿赂、言辞和卑微的姿态让他骄傲，那么吴王一定会攻打齐国。”

勾践感慨地说：“我曾这样对待吴国过，结果楚国彻底被夫差击败，现在再这样，我怕齐国也不能阻止他。”

子贡告诉勾践：“你小看了中原的国家，齐国后面还有晋国，就算吴国打胜了，夫差一定会带兵逼近晋国。难道夫差还能战胜百年霸主晋国吗？请让我为大王出使晋国，好让晋国有准备，去击败吴国。”越王勾践非常高兴，答应照计行动，送给子贡“黄金百镒，宝剑一把，良矛二支”——黄金是财物，意思给子贡路费；宝剑是贵族的象征，意思是给子贡封爵；好的矛是武器，意思是托给子贡重任。

子贡不在乎越王勾践的礼物，没有接受就回到了吴国。他对吴王报告成果说："越王勾践已经表态，他仰赖大王的恩赐，才能够捧着祭品而祭祀祖宗，怎么能另有其他的打算！"很快，越国前来结盟，勾践还打算亲自率领精锐的士卒三千人随着夫差北上。

夫差又称赞子贡，并问他如何处理勾践。子贡就回答说："接受他的军队，而推辞他的君王。接受军队，那么越国不能作乱；推辞君王，那么就能得到重礼君子的称赞。"

吴国果然北上和齐国争霸，是为艾陵之战，其经过和结果在前文中有叙述。

艾陵之战爆发的同时，子贡抵达了晋国。他对晋国君臣说："我听说，不事先谋划好计策，就不能应付突然来的变化；不事先治理好军队，就不能战胜敌人。现在齐国和吴国即将开战，如果那场战争吴国不能取得胜利，越国必定会趁机扰乱它；若齐国一战取得了胜利，吴王一定会带他的军队逼近晋国。"晋国国君虽然大权旁落，但是面对外敌，君臣还是能够勉强团结一心。在子贡的帮助下，晋国国君带领几个大家族，做好了抵御吴国入侵的准备。

艾陵之战结束，吴国勉强震慑了晋国，但是不敢对做好准备的晋国下手，而越国趁机偷袭了吴国。

子贡这次出使保存了鲁国，祸乱了齐国，灭亡了吴国，兴起了越国，衰弱了晋国，可以说，他凭借着自己的智慧和口才操控了天下大势。

后来居上的大越国

艳色天下重，西施宁久微。
朝为越溪女，暮作吴宫妃。
贱日岂殊众，贵来方悟稀。
邀人傅脂粉，不自著罗衣。
君宠益娇态，君怜无是非。
当时浣纱伴，莫得同车归。
持谢邻家子，效颦安可希。

——（唐）王维《西施咏》

春秋的尾声，越国频繁出现于舞台上。

越国也是一个有着悠久文化传统的国家。《吴越春秋》一书中有大禹“周行天下，归还大越”的记载，吴越春秋还记载大禹在会稽诛杀防风氏，以示威信。越国地处欧余山之南（阳）面，国君为姒姓（姒姓是尧赐予大禹的），越国主要以绍兴禹王陵为中心。从传统上来说，越国文明属于华夏文明的一支，而且曾经在夏禹时代非常辉煌。

进入东周时代，越国作为东南夷的重要一支，一直比较强大，甚至在春秋初期还威胁着齐国的安全。齐桓公和管仲曾经害怕越国攻打袭击齐国——齐桓公说："天下之国，莫强于越。今寡人欲北举事孤竹、离枝，恐越人之至，为此有道乎？"因为毕竟南北远隔，所以越国最终还是没有参与到齐国称霸活动中。

随后经过管仲治齐、晋国改革、鲁国初税亩等大事件，春秋时期其他各国都在改革发展，而越国则慢慢没落了。到了春秋中晚期，越国的地位下降，不仅国力变成了二流，甚至还逐渐因为文化、制度和生产力的落后，成为蛮夷的一支。

在上一章中讲到了，因为地缘政治的影响，吴越争霸开始。在争霸初期，越国一直处于下风。

周敬王二十六年（公元前 494 年），夫椒之战结束，越国战败，年轻的越王勾践被困会稽山。他痛定思痛，意识到了国力的不足，于是对自己重金聘请的楚国谋臣文种说："我难道要和越国一起灭亡吗？"文种鼓励地回答："所有的霸主都有失败的经历，现在看来还不算晚啊？"同时献上"破吴九策"。

于是，越王勾践向吴国称臣，卑辞厚礼向吴国求和。经过几番波折，越国得到了苟延残喘的机会，越王勾践开始了他壮大越国的复仇计划。

越国如此偏远、卑小，因此复仇之路充满着荆棘！

勾践居住在柴草堆里，在自己的房间里挂了一只苦胆，每顿饭前都要尝尝它的苦味，提醒自己：不可以忘了吴国带来的苦难和耻辱！他身着粗布，顿顿粝食，亲自耕田播种，以鼓励农业。勾践夫人带领妇女养蚕织布，发展生产，以促进纺织业。在这种艰苦奋斗的作风下，越王勾践做了最为重要的事情，那就是任用范蠡为相，主持越国的大发展计划。

范蠡是楚国人，但是因为楚国削弱吴国的计划，被送到了越国成为越国的大夫。不过在开始的时候，他虽然因为楚国贵族的身份成为高官，但是并没有受到重视，曾经几次进谏都没有被勾践采纳。夫椒之战后，勾践性格大变，卧薪尝胆，开始重用范蠡。

范蠡对越国进行了一系列经济、政治、军事改革。

首先，他提出了“谷贱伤民、谷贵伤农”的问题，通过把价格调整到一定范围内而做到“农民和国家利益兼顾”。这样既可以促进农业发展，还能让商人有利可图，使农业给越国带来足够的税收。

其次，他明确提出了商品价格对生产与流通的作用，尤其是恰当地处理好越国稻米和其他商品价格的关系对生产与流通的作用。范蠡试图通过调整价格促进生产和流通，而且令人称赞的是，他是通过经济手段而不是通过行政命令。

为了提升越国的军事实力，范蠡重建国都城。在建城的过程中，范蠡建了两座城，一座小城，一座大城。大城是建给吴国看的，残缺不全，而且面对吴国的方向，不筑城墙。那么这样一座没有城墙、管理松懈的城市，不仅迷惑了夫差，也给当地的商品流通带来了便利。而他在险要地形建立的小城，则纯粹作为军事城市。这样让军队远离繁华所在，能够坚定意志，而且还可以隔绝吴国对越国军事力量的窥探。

范蠡非常重视军队训练，提高士气，增加战斗力，组织了敢死队，以最高金额奖励。他还大力发展冶铸业，让越国的兵器锋利程度比吴国更甚。

▲ 文种

范蠡作为越国的内政主持者，负责提升越国的力量，另一个谋臣文种则是越国外交主持者，负责削弱吴国的力量。

史料记载，文种为勾践进献了“破吴九策”：“一曰尊天地，事鬼神；二曰重财币，以遗其君；三曰贵籴粟槁，以空其邦；四曰遗之好美，以为劳其志；五曰遗之巧匠，使起宫室高台，尽其财，疲其力；六曰遗其谀臣，使之易伐；七曰疆其谏臣，使之自杀；八曰邦家富而备器；九曰坚厉甲兵，以承其弊。”大体说来，就是要让对方骄傲自满且内部争斗不断。

有意思的是，文种的死亡理由就是这“破吴九策”。越勾践称霸成功后，派人杀掉了文种，理由是：“你有九条这么霸道的计策，我用了其中五条就灭了吴国，难道剩下的是用来对付越国的吗？”——这当然是欲加之罪，何患无辞了。

越国发展的中心思想是“十年生聚，十年教训”，根据这个中心思想，越王勾践出台了促进越国人口增加的法令。大意如下：如今我没有足够的才能，不让别国人口迁徙到越国，只能带领大家繁殖人口。壮年男子不许娶老年妇女，老年男子不能娶年轻妻子。姑娘十七岁不出嫁，其父母有罪；男子二十岁不娶，其父母要判刑。孕妇临产，要及时向政府报告，由政府派去医生照顾生产。生男孩，赏酒两壶，狗一条；生女孩，赏酒两壶，猪一头。如果一胎生了三个孩子，政府派给奶妈；一胎生两个孩子者，由政府提供口粮。嫡子为国捐躯，免其家三年徭役；庶子死，免其家三月徭役，要求和埋葬嫡子一样的规制安葬。孤老、寡妇、患病者、贫困无依无靠的人家，他们的孩子由政府收养。

春秋时期人殉制度还是比较普遍的，有人统计过，晋国每年要殉葬六千多人，这和晋国每年增加的人口基本持平。再加上连年战争，所以春秋时代列国的人口都增长缓慢。而这种完善的人口增长促进计划让越国人口呈现爆炸性的增长。根据越国军队人数推算，二十年内，越国人口基本上翻了一番——当然要把越国面积扩大的因素考虑在内。

越国通过一系列发展生产与提升军队战斗力的措施来使本国富国强兵，而吴国则因为南征北战国库空虚。十几年中，吴、越两国的国力对比发生了根本性的变化，越国小而强、吴国大而弱的局面形成了。

姑苏城里硝烟弥漫

人间烟火姑苏城，满池芙蕖弦琶铮。
栀子香艳平江路，桐油伞下笑语盈。
芊芊女子最多情，绣出红妆君郎赠。
吴门才子天下墨，岁月静好枕河生。

——杨眉《姑苏城》

越国在默默地积蓄“内力”的时候，吴王夫差没有引起任何重视，因为他忙于北上争霸。他在征服越国后，即积极做北进准备。

重臣伍子胥主张“联齐灭越”，几次三番地进谏夫差。但是吴王刚愎自用，反而派伍子胥出使齐国。在齐国出使的时候，伍子胥对他的儿子说：“我多次规劝大王，大王不采纳我的意见。我现在已看到吴国的末日，但是我是吴国的相，所以只能和吴国一起灭亡了。但是你没有义务做到这样。”于是将他的儿子托付给齐国的鲍牧（鲍叔牙的后代），就返回吴国向夫差汇报。

伍子胥这种留后路的行为，被他的政治对手伯嚭抓住了。伯嚭趁机进谗言，诬陷伍子胥有谋反之心。周敬王三十六年（公元前 484 年），早就觉得伍子胥功高震主的夫差赠剑令伍子胥自杀。

相传，伍子胥自杀前非常愤恨，留下遗言，要家人于他死后把他的眼睛挖出，挂在东城门上，亲眼看着越国军队灭掉吴国。

此后，吴、齐艾陵之战爆发，吴国战胜，夫差更是志得意满。周敬王三十八年（公元前 482 年），夫差率吴军主力进至黄池（今河南封丘西南），与晋及中原诸侯会盟，“欲霸中国”。此时，吴之霸业达于顶点。

其实，夫差能够称霸是极其侥幸的，并不是吴国本身有称霸的能力。

当时中原第一诸侯晋国的大权已经被强势大夫们把持，这些士大夫能够面对吴国保持晋国不受侵略就算是不错了，指望他们勠力同心、重整晋国霸业是不可能的。

弭兵会盟后，郑国和宋国还是连年交兵，根本无力对抗外敌。

秦国则和吴国天南海北，而且此时的秦“闭关锁国”，对中原事务从不掺和。

总体上来说，中原诸侯谁也不想跟锐气正盛的吴国死磕。而且弭兵之会后，霸主失去了“权利”和“义务”，霸主国不管小国生死，也不能从小国收获“成”——保护费，所以称霸和会盟没有任何意义。

黄池会盟，晋定公不想去，觉得太丢份儿，但执政赵鞅坚持要去，认为不能在自己的任期内，对一个蛮夷国家示弱。于是晋国君臣抱着“重在参与”的念头参加了此次会盟。

参与黄池会盟的除了晋国和吴国这两个大国，还有鲁国和卫国等小国。其实，夫差的黄池会盟仅仅是炫耀武力，迫使晋国承认其盟主地位罢了，并没有打仗的意思。因为没有实际的利益分配，所以与会者坐在一起喝酒交流，盟会程序顺利进行着。

但到了最关键的“歃血为盟”阶段，吴、晋两国争执不下。晋国认为自己是诸侯一贯的领袖，订盟约时应该排在首位。吴王夫差则不乐意，他说：“晋国的祖先叔虞是周成王的兄弟，吴国的祖先太伯是周武王的叔伯爷爷，辈分差了几代。再说弭兵会盟上，晋国排在楚国后面，而楚国被吴国击败，甚至不敢参与这次会盟，晋国怎么能排在吴国前面？”

由于这次会盟一不割地，二不赔款，次序的先后就成了关系重大的面子问题，毕竟晋国君臣就是冲着面子来的，自然寸步不让，甚至以武力相威胁。

就在双方僵持不下的时候，吴王夫差突然接到一个噩耗：后院起火。越王勾践趁吴国精锐在外，起兵攻吴，吴国太子阵亡，国都已经被越军围困，危在旦夕！

听到这个噩耗，正在和晋国较劲儿的夫差犹如被当头泼了一盆冷水。随行的吴国大臣也都傻了眼，纷纷劝说夫差赶紧回师。夫差很冷静地分析了局势：大军远在中原，千里之外，对国都之围毫无作用。如果仓促回兵，万一晋国探到了风声，在后面追杀，那么主力有损，就万事皆休了。

于是夫差决定以进为退，先逼迫晋国把盟约订了再说。当晚，夫差举行大阅兵，挑选了三万精兵，每一万人摆成一个方阵，共摆了三个。每个方阵横竖都是一百人，由一名将军率领。中间的方阵白盔白甲，白衣服，白旗帜，白弓箭，由吴王亲自统率，称为中军；左边的方阵，红盔红甲，红衣服；右边的方阵则全部都是黑色装扮。

当时吴军因为孙武改革和连年作战，确实是天下最精锐的部队。三万人半夜悄悄出发，黎明时分到达离晋军营帐不远处。天刚亮，吴军鼓声大作，欢呼之声震天动地，就在晋军营地旁边开始操练。

晋军士卒一看吴军那三个方阵和声威气势，简直惊呆了。据《国语》的描述：白色方阵，“望之如荼”——像开满白花的茅草地；红色方阵，“望之如火”——像熊熊燃烧的火焰（这也是成语“如火如荼”的由来）；黑色方阵，简直就像深不可测的大海。“三军皆哗扣以振旅，其声动天地。”

晋定公和手下人都被惊呆了，各大家族更不想用自己的精锐和吴国死拼，所以答应让吴国排在第一位。不过老谋深算的赵鞅提了个条件：吴王做盟主，盟主就得尊王攘夷——尊敬周天子，现在周天子是王，你夫差也是王，这就是对周天子不敬。夫差必须去“王”号，自称“公”。

晋国让了一大步，外强中干的夫差喜出望外，就用“吴公”的名义先“歃血”，然后晋国第二个“歃血”，以下鲁国、卫国跟着“歃血”。黄池大会就这么“圆满结束”。夫差赶紧带着军队走水路回去了。

▲ 盟会图

走到半路，夫差想起来“尊王攘夷”这回事，赶紧派人到洛邑，向周天子致意，说：“以前楚国不尊敬周天子（指楚王问鼎的事情），先君阖闾征讨楚国（柏举之战）。现在齐国也不尊重天子，我这次出兵惩罚了他们（艾陵之战）。之后，和诸侯会盟，因为这些功劳得以担当盟主，现在告知天子。”给周天子致意当然需要献上贡品，所以周天子很开心地接受了夫差上贡的俘虏和财物，赐给夫差一张大弓和一块祭肉，承认他的霸主地位。

可惜的是，这个“新鲜出炉”的霸主紧赶慢赶，两个月后带领大军回到都城，发现姑苏城已经沦为废墟了。

勾践灭吴，霸业残响

越王勾践破吴归，义士还乡尽锦衣。

宫女如花满春殿，只今惟有鹧鸪飞。

——（唐）李白《越中览古》

吴王率领主力回到姑苏城后，遇到了这么一个凄惨的处境：国库被搬空，没有财力抚慰军民；贵族被劫掠一空，对吴王心怀怨恨；军队长途跋涉，疲劳不堪，厌战情绪严重；诸侯得知越国偷袭的消息，对霸主嗤笑不已……

短时间内，吴国根本无力抵御越国入侵。夫差只得派伯嚭携带丰厚的礼物去越国求和。越王勾践估量没有力量彻底吞并吴国，而且看到吴国送出的贿赂远比当年越国给吴国的贿赂要多，就答应同吴国讲和。

吴、越两国议和后，吴国夫差拼命在国内整顿局势，然而夫差年岁已老，而且失去了伍子胥这等政治大家的帮助，在国内举步维艰。越国恢复了原属于越国的所有疆土，并重新和楚国建立了联系，消化完胜利果实后，更加强大。

周元王元年（公元前 476 年），勾践再次攻打吴，没有获得胜利，但是越国试探出了吴国虚弱的本质，并且让越国士卒奠定了对吴军作战的信心。

周元王二年（公元前 475 年），越兵尽起大军围困吴国。

吴王夫差也打算奋起一搏，下令全国总动员，依托苏州河抵抗越国入侵。

越兵屯于苏州河南，吴兵屯在苏州河北。

越王将大军分为左、右二军，范蠡率右军，文种率左军，所有的中小贵族私兵和越王亲卫六千人全部跟随越王组成中阵。第二天，双方水陆全面开战。

吴军兵力不足，无法抵抗，坚持到黄昏，最后战线被击垮，吴军大败而走。勾践率三军紧紧追赶，然后接连击败回身再战的吴军。可以说，这次作战是吴、越两国的正面对抗，越国并没有用什么阴谋诡计，而吴国也没有出现失误，纯粹是因为国力不如，最后吴军战败。

这次越国是做了灭国的打算，所以越军趁机围困了吴国都城姑苏。然而，因为缺乏攻城手段，而且姑苏城非常高大坚固，越军只能采用围困战术。周元王四年（公元前 473 年）年底，姑苏城中粮食耗尽，夫差被迫率领精锐突围。

夫差突然出击，打开了包围圈，但是还没有跑远，就被闻讯而来的越国士卒团团围困在横山。

越王围住吴军，但是仰攻不利，只能继续围困。十几日后，失去信心的吴人动摇，就连伯嚭都托疾不出。

吴王夫差只能派使者，卑躬屈膝地向勾践请和。使者说："孤臣夫差，异日得罪于会稽，夫差不敢逆命，得与君王结成以归。现在我境地如此你就不能回忆一下，当年会稽山我是如何对待你的吗？"说完，使者就痛哭流涕。

勾践准备答应夫差的请求，范蠡劝谏说："君王卧薪尝胆，谋划了二十年，难道要前功尽弃吗？"勾践于是不准吴国投降讲和。

又过了十几天，勾践派人劝降吴王说："寡人念你当年的情，想将你安置在甬东，让你留下五百家，能够继续存留吴国，祭祀祖先。"夫差含泪回答说："我老了，不能再侍奉越王。我后悔不听子胥之言，让自己陷到这个地步。"

无论如何评价夫差，他还能算是个英雄，而英雄是不会投降的。等使者走后，夫差自杀，太宰伯嚭率领残余军民投降，吴国灭亡。

越国灭吴后，也迅速进入北上争霸的征程。

周元王五年（公元前 472 年），越王勾践为在中原争夺霸业，亲自率领大军北渡淮水，召集齐、楚、秦、晋等诸侯国在徐州（古薛城）举行会盟。和黄池会盟一样，这次会盟更是无关于利益，所以进程顺利。

在徐州盟会上，越王仿照以往霸主的做法向周天子进贡，请徒有虚名的周王室主持盟会。周元王派使臣“赐勾践以胙肉，命作伯”。为了表现自己大国霸主的风范，勾践还把吴国原来占领楚国、齐国、宋国的领土归还给各国——当时，越国根本无力顾及这些土地，所以做了一个顺水人情。

越王勾践也意识到了这一点，盟会后为了更好地控制新领土，扩展势力范围，越国迁都于琅琊（今江苏诸城）。

可以看到，相比于吴国的称霸，越国称霸规模缩小了：势力范围最多控制在淮河以南；主持盟会的人变成了周天子的代表；勾践被封为“伯”，爵位也比夫差的“公”低。可以说，夫差称霸，获得了虚名，而勾践称霸，无论是虚名还是实利都没有了。徐州会盟后，霸主勾践感受到自己命不久矣，而且目睹了中原地区各国大夫把持朝政的可怕局面，所以回到都城后，就一心致力于国家大权的掌控，即把持朝政。

第一重臣范蠡很快知悉了勾践的想法，他向勾践提出了自己隐退的打算。勾践的想法被范蠡看破，感觉恼羞成怒，极力挽留，并威胁他说，如果坚持要走的话，就会杀掉范蠡及其妻子。但范蠡并不动摇，决然地走了。范蠡还告诫文种要知退，飞鸟尽，良弓藏；狡兔死，走狗烹。越王为人，可共患难，不可共富贵。然而，文种不听。

几个月后，勾践和文种发生了激烈的争吵。文种主张养民，来发展国家，指责勾践的称霸路线。退朝后，文种在家称病，做出政治姿态，但是勾践突破下限，不仅没有安抚文种，反而趁机赐给文种一剑——这把剑就是伍子胥自杀的剑。文种后悔不已，自杀。

勾践诛杀重臣的行为让越国政局表面上稳如泰山，但是事实上阻挡了权力阶层对人才的输入。文种去世两年后，越王勾践病逝，人亡政息，越国国力迅速衰落，霸业消亡了。几十年后，越国陷入王位争夺战，分裂成东越、山越、南越等小国。在这一时期，春秋时代已经结束，列国征伐的战国时代已经到来。越国的邻国齐国、楚国都进行了变法，国力强盛；而越国则少与中原往来，没有变法，国力逐渐衰落。

到了战国中期，越国彻底变成了蛮夷小国。

知识点思考 为什么勾践要杀死文种？

新崛起的越国缺乏底蕴，并没有良好的、成体系的继承制度，而且缺乏人才使用和权力制约机制，它的兴盛全部靠着勾践和文种、范蠡等人的才华。等到勾践死去，那么继任的越王肯定无法压制文种这些老臣。而且目睹其他国家卿大夫架空国君的危险后，勾践必须未雨绸缪。

圣人已死天下乱

悲哉孔子没，千岁无麒麟，
蚩蚩尽鉏商，此物谁能珍。
汉武得一角，燔烹诬鬼神，
更以铸黄金，传夸后世人。

——（宋）王安石《悲哉孔子没》

政治上，越王称霸是春秋时期最后一件影响天下的大事。随后，三家分晋，历史进入战国时代。不过，传统的史学观点认为，春秋战国的分野是以圣人的存在为标志的。

书接上文，周敬王二十一年（公元前 499 年），孔子在阳虎之乱中失势，被迫开始流亡各国，然而这并不影响孔子影响力的扩散。

周敬王三十六年（公元前 484 年），齐国派军队攻打鲁国。孔子弟子冉有率领鲁国军队与齐国作战，获得胜利。季康子问冉有指挥才能从何而来，冉有说是向孔子学来的，而孔子的本领比自己还强大。于是季康子就考虑接纳孔子回国。很快，孔子在冉有的努力下，得以隆重地回到故乡。孔子周游列国十四年，至此结束。

当时，孔子有心从政，但依然被敬而不用。毕竟孔子名声大，儒生多，势力庞大，而鲁国的政权把握在“三桓”手中，他们是不可能允许孔子作为忠于国君的势力首领走上政治舞台的。很快，孔子意识到了自己的困境，再加上年老体衰，就彻底放弃作为一个政治家为鲁国做贡献的想法。此后，孔子在鲁国安定下来，从事教育及整理文献工作。

周敬王三十七年（公元前 483 年），孔子的独生儿子孔鲤去世，这对孔子的打击很大，其身体每况愈下。于是，孔子加快了整理古代文化典籍的步伐。相传，孔子为了《易》，韦编三绝，日夜攻读整理。孔子最喜欢的弟子颜回是其最主要的助手，他和孔子一起回国后，整理文化典籍。他不限于一般的刻写与编简，而是着重于考证及校对，把周游列国时所获得的不同古籍互作参证，去伪存真。特别是《易》，颜回是主要整理人之一。在整理过程中，颜回呕心沥血，以致劳累而死。这两次白发人送黑发人，彻底摧毁了孔子的身体。

周敬王三十九年（公元前 481 年）春天，鲁哀公领着他的大臣们举行围猎。围猎选择的地点是嘉祥的南部山区，结果惊扰了一只神兽——“麒麟”（经考证，这应该是只得了白化病的梅花鹿）。最后，“麒麟”在追赶中受伤被俘。鲁哀公和大臣们将这只猎物带回都城，并请孔子做鉴定。孔圣人看到“麒麟”负伤惊魂未定的样子心中万分悲痛，说：“这是‘麒麟’啊！天下第一仁兽。”他建议鲁哀公将“麒麟”带回去疗伤。不过，“麒麟”因惊吓过度不吃不喝很快就死了。

孔子认为这不是好征兆，说：“我的希望断绝了。”春秋时代，神秘主义盛行，孔子是“敬鬼神而远之”，他也认为这是上天对世界的警示，是对他的告诫，于是停止修著《春秋》。

▲ 孔子诞辰纪念邮票

同年，齐国左相阚

止（齐国国君的支持者）在上朝途中遇田氏族人田逆杀人，将其拘捕，虽然最后被释放，但是这件事情彻底激化了齐国的内部矛盾。在简公支持下，阚止准备驱逐田氏。消息走漏，田恒先发制人，率车入公宫，劫持简公。阚止率军反攻，被田氏击败，阚止出逃。田氏军穷追不舍，情急下阚止迷路，失道于弇中，误入田氏之邑丰丘，在郭门被田氏杀死。之后，齐简公被杀。

齐国内乱，国君被杀的事情引起孔子极大的愤怒，“唯名与器不可假人”，他如临大典，沐浴、更衣、整冠，入宫朝见鲁哀公，请鲁哀公发兵伐齐。很显然这种“天真”的想法是不可能得到鲁国当政者支持的。齐国大鲁国小，鲁国连躲开齐国的攻击，尽量别给齐国攻打的借口都来不及，怎么可能主动参与到齐国的内乱中去呢？而且此时的鲁国，国君和“三桓”的争斗如火如荼，自顾不暇，更是不可能答应孔夫子的请求了。

请求被拒绝这件事情让孔子意识到自己的政治生命彻底结束，并且意识到自己的政治抱负在这个乱世中不可能得到实现。所以，这件事情基本上摧毁了孔子的精神健康。

不久卫国发生了内乱，子路死了。

事情经过是这样的，卫灵公去世，大臣们想要立公子郢为君。公子郢推让，认为太子的长子姬辄还出奔在外，并且已经成年，按照宗法制应当立其为国君。于是姬辄便顺利即位，这便是卫出公。但问题马上就出现了，卫出公的父亲也就是遭到政治流放的公子蒯聩还在，卫出公如果为国，就应该继续流放自己的父亲；如果为家，就应该迎回在国内臭名昭著的父亲。

以上的问题根本无法解决，卫国也因此局势不稳。

周敬王四十年（公元前480年），公子蒯聩悄悄溜回卫国，勾结大夫李悝发动军事政变，赶跑了卫出公。父亲赶跑儿子夺回君位，虽是国家之事，实际也是家庭内部之事，卫国士大夫可管可不管，所以大部分都保持沉默。

此时，子路是李悝的政务官。政变发生时，子路正在郊外，一听说出事，义愤填膺，连忙往城里跑。城门将要关闭，一个叫子羔的人告诉子路，大局已定，卫出公都已逃跑，你可以回去了，不要进城白白送死，而且你是李悝的家臣，不会受到牵连的。子路回答说："食其食者不避难。"——我曾经领过卫出公的工资啊，怎么能不尽心报效？

子路进入城中，孤身而绝望地和公子蒯聩的军队战斗，最后叛军击断子路的缨（系帽的带子）。子路曰："君子死而冠不免。"于是整理好自己的衣服，将帽子带好，从容地死去了。

子路小孔子九岁，两个人是亦师亦友的关系，其死亡消息传到鲁国后，给了孔子更大的打击，他意识到自己命不久矣。不久，孔子对前来看望自己的弟子子贡说："泰山将要坍塌了，梁柱将要腐朽折断了，哲人将要如同草木一样枯萎腐烂了。"他还流下眼泪，讲到天下无道已经很久很久了，没有人肯采纳自己的主张，自己的主张不可能实现了。

一个智慧而渊博的老人，回忆着往事，讲解着未来，并慨叹天下，可以称得上是春秋时代最好的结尾了。

周敬王四十一年（公元前479年），圣人孔子去世。

然而，历史并不会因此而停止，历史的车轮向着更大规模的乱世战国驶去。

齐国君主世系图

称号（姓名）	在位时间	称号（姓名）	在位时间
齐太公（吕尚）	不详	齐孝公（吕昭）	前 642 年—前 633 年
齐丁公（吕伋，一说吕及）	不详	齐昭公（吕潘）	前 632 年—前 613 年
齐乙公（吕得）	不详	齐懿公（吕商人）	前 612 年—前 609 年
齐癸公（吕慈母）	不详	齐惠公（吕元）	前 608 年—前 599 年
齐哀公（吕不辰，一说吕不臣）	不详	齐顷公（吕无野）	前 598 年—前 582 年
齐胡公（吕静）	前 867 年—前 860 年	齐灵公（吕环）	前 581 年—前 554 年
齐献公（吕山）	前 859 年—前 851 年	齐庄公（吕光）	前 553 年—前 548 年
齐武公（吕寿）	前 850 年—前 825 年	齐景公（吕杵臼）	前 547 年—前 490 年
齐厉公（吕无忌）	前 824 年—前 816 年	齐晏孺子（吕荼）	前 489 年
齐文公（吕赤）	前 815 年—前 804 年	齐悼公（吕阳生）	前 488 年—前 485 年
齐成公（吕脱，一说吕说）	前 803 年—前 795 年	齐简公（吕壬）	前 484 年—前 481 年
齐庄公（吕购）	前 794 年—前 731 年	齐平公（吕骜）	前 480 年—前 456 年
齐釐公（吕禄甫）	前 730 年—前 698 年	齐宣公（吕积）	前 455 年—前 405 年
齐襄公（吕诸儿）	前 697 年—前 686 年	齐康公（吕贷）	前 404 年—前 386 年
齐桓公（吕小白）	前 685 年—前 643 年		

晋国君主世系图

称号（姓名）	在位时间	称号（姓名）	在位时间
晋唐叔虞（姬虞）	不详	晋献公（姬诡诸）	前 676 年—前 651 年
晋侯燮（姬燮）	不详	晋惠公（姬夷吾）	前 650 年—前 637 年
晋武侯（姬曼期）	不详	晋怀公（姬圉）	前 637 年—前 637 年
晋成侯（姬服人）	不详	晋文公（姬重耳）	前 636 年—前 628 年
晋厉侯（姬辐）	不详	晋襄公（姬欢）	前 627 年—前 621 年
晋靖侯（姬宜臼）	前 858 年—前 841 年	晋灵公（姬夷皋）	前 620 年—前 607 年
晋釐侯（姬司徒）	前 840 年—前 823 年	晋成公（姬黑臀）	前 606 年—前 600 年
晋献侯（姬苏）	前 822 年—前 812 年	晋景公（姬据）	前 599 年—前 581 年
晋穆侯（姬费王）	前 811 年—前 785 年	晋厉公（姬寿曼）	前 580 年—前 573 年
晋殇叔（姬殇）	前 784 年—前 781 年	晋悼公（姬周）	前 572 年—前 558 年
晋文侯（姬仇）	前 780 年—前 746 年	晋平公（姬彪）	前 557 年—前 532 年
晋昭侯（姬伯）	前 745 年—前 740 年	晋昭公（姬夷）	前 531 年—前 526 年
晋孝侯（姬平）	前 739 年—前 724 年	晋顷公（姬弃疾）	前 525 年—前 512 年
晋鄂侯（姬郄）	前 723 年—前 718 年	晋定公（姬午）	前 511 年—前 475 年
晋哀侯（姬光）	前 717 年—前 710 年	晋出公（姬凿）	前 474 年—前 452 年
晋小子（姬小子）	前 709 年—前 707 年	晋哀公（姬骄）	前 451 年—前 434 年
晋侯湣（姬缗）	前 706 年—前 679 年	晋幽公（姬柳）	前 433 年—前 416 年
曲沃桓叔（姬成师）	前 745 年—前 731 年	晋烈公（姬止）	前 415 年—前 389 年
曲沃庄伯（姬鱓）	前 730 年—前 716 年	晋孝公（姬颀）	前 388 年—前 357 年
曲沃武公（晋武公）（姬称）	前 715 年—前 677 年	晋静公（姬俱酒）	前 356 年—前 349 年

秦国君主世系图

称号（姓名）	在位时间	称号（姓名）	在位时间
秦非子（嬴非）	前 900 年—前 858 年	秦哀公（嬴稷）	前 536—前 501 年
秦侯	前 857 年—前 848 年	秦惠公（嬴宁）	前 500 年—前 491 年
秦公伯（嬴公伯）	前 847 年—前 845 年	秦悼公（嬴盘）	前 490 年—前 477 年
秦仲（嬴秦仲）	前 844 年—前 822 年	秦厉共公（嬴刺）	前 476 年—前 443 年
秦庄公（嬴其）	前 821 年—前 778 年	秦躁公（嬴欣）	前 442 年—前 429 年
秦襄公（嬴秦开）	前 777 年—前 766 年	秦怀公（嬴封）	前 428 年—前 425 年
秦文公	前 765 年—前 716 年	秦灵公（嬴肃）	前 424 年—前 415 年
秦宪（宁）公（嬴立）	前 715 年—前 704 年	秦简公（嬴悼子）	前 414 年—前 400 年
秦出公（嬴曼）	前 703 年—前 698 年	秦惠公（嬴仁）	前 399 年—前 387 年
秦武公（嬴说）	前 697 年—前 678 年	秦出子（嬴曼）	前 386 年—前 385 年
秦德公（嬴嘉）	前 677 年—前 676 年	秦献公（嬴师隰）	前 384 年—前 362 年
秦宣公（嬴恬）	前 675 年—前 664 年	秦孝公（嬴渠梁）	前 361 年—前 338 年
秦成公（嬴载）	前 663 年—前 660 年	秦惠文王（嬴驷）	前 337 年—前 311 年
秦穆公（嬴任好）	前 659 年—前 621 年	秦武王（嬴荡）	前 310 年—前 307 年
秦康公（嬴罃）	前 620 年—前 609 年	秦昭王（嬴稷 / 则）	前 306 年—前 251 年
秦共公（嬴稻）	前 608 年—前 604 年	秦孝文王（嬴柱）	前 250 年—前 250 年
秦桓公（嬴荣）	前 603 年—前 577 年	秦庄襄王（嬴异人，又名子楚）	前 249 年—前 247 年
秦景公（嬴石）	前 576 年—前 537 年	秦王（嬴政）	前 246 年—前 221 年

楚国君主世系图

称号（姓名）	在位时间	称号（姓名）	在位时间
楚熊蚤（熊蚤）	不详	楚成王（熊恽）	前 671 年—前 626 年
楚熊丽（熊丽）	不详	楚穆王（熊商臣）	前 625 年—前 614 年
楚熊狂（熊狂）	不详	楚庄王（熊侣）	前 613 年—前 591 年
楚熊绎（熊绎）	不详	楚共王（熊审）	前 590 年—前 560 年
楚熊艾（熊艾）	不详	楚康王（熊招）	前 559 年—前 545 年
楚熊黲（熊黲）	不详	楚郏敖（熊员）	前 544 年—前 541 年
楚熊胜（熊胜）	不详	楚灵王（熊围）	前 540 年—前 529 年
楚熊杨（熊杨）	不详	楚平王（熊居）	前 528 年—前 516 年
楚熊渠（熊渠）	不详	楚昭王（熊轸）	前 515 年—前 489 年
楚熊挚（熊挚）	不详	楚惠王（熊章）	前 488 年—前 432 年
楚熊延（熊延）	不详	楚简王（熊中）	前 431 年—前 408 年
楚熊勇（熊勇）	前 847 年—前 838 年	楚声王（熊当）	前 407 年—前 402 年
楚熊严（熊严）	前 837 年—前 828 年	楚悼王（熊疑）	前 401 年—前 381 年
楚熊霜（熊霜）	前 827 年—前 822 年	楚肃王（熊臧）	前 380 年—前 370 年
楚熊徇（熊徇）	前 821 年—前 800 年	楚宣王（熊良夫）	前 369 年—前 340 年
楚熊鄂（熊鄂）	前 799 年—前 791 年	楚威王（熊商）	前 339 年—前 329 年
楚若敖（熊仪）	前 790 年—前 764 年	楚怀王（熊槐）	前 328 年—前 299 年
楚霄敖（熊坎）	前 763 年—前 758 年	楚顷襄王（熊横）	前 298 年—前 263 年
楚蚡冒（熊眴）	前 757 年—前 741 年	楚考烈王（熊完）	前 262 年—前 238 年
楚武王（熊通）	前 740 年—前 690 年	楚幽王（熊悍）	前 237 年—前 228 年
楚文王（熊赀）	前 689 年—前 677 年	楚哀王（熊犹）	前 228 年—前 228 年
楚堵敖囏（熊艰）	前 676 年—前 672 年	楚负刍（熊负刍）	前 227 年—前 223 年

宋国君主世系图

称号（姓名）	在位时间	称号（姓名）	在位时间
宋微子（子启）	前1036年—?	宋桓公（子御说）	前681年—前651年
宋微仲（子衍 / 子泄）	不详	宋襄公（子兹甫）	前650年—前637年
宋公稽（子稽）	不详	宋成公（子王臣）	前636年—前620年
宋丁公（子申）	不详	宋昭公（子杵臼）	前619年—前611年
宋湣公（子共）	不详	宋文公（子鲍革 / 子鲍）	前610年—前589年
宋炀公（子熙）	不详	宋共公（子瑕）	前588年—前576年
宋厉公（子鲋祀 / 子鲂祀）	?—前859年	宋平公（子成）	前575年—前532年
宋釐公（子举）	前858年—前831年	宋元公（子佐）	前531年—前517年
宋惠公（子覸）	前830年—前800年	宋景公（子头曼 / 子栾）	前516年—前469年
宋哀公	前800年—前800年	宋君启（子启）	前469年—前469年
宋戴公（子白）	前799年—前766年	宋后昭公（子特 / 子得）	前468年—前406年
宋武公（子司空）	前765年—前748年	宋悼公（子购由）	前405年—前398年
宋宣公（子力）	前747年—前729年	宋休公（子田）	前397年—前375年
宋穆公（子和）	前728年—前720年	宋桓侯（宋辟公）（子辟兵 / 子璧兵）	前374年—前356年左右
宋殇公（子与夷）	前719年—前711年	宋剔成君（戴剔成 / 戴罕）	约前355年左右—前329年
宋严公（子冯）	前710年—前692年	宋康王	
宋湣公（子捷）	前691年—前682年	宋王偃（宋献王）（戴偃）	前328年—前286年
宋公游（子游）	前682年—前682年		

图书在版编目（CIP）数据

一看就懂的春秋史 / 王维俊著 .—2 版（修订本）.
—北京：中国法制出版社，2018.10
（一看就懂的中国史）
ISBN 978-7-5093-9535-6

Ⅰ. ①一… Ⅱ. ①王… Ⅲ. ①中国历史—春秋时代—通俗读物
Ⅳ. ① K225.09

中国版本图书馆 CIP 数据核字（2018）第 126342 号

策划编辑：胡 艺（ngaihu@gmail.com）
责任编辑：胡 艺 王 悦 封面设计：汪要军

一看就懂的春秋史
YI KAN JIU DONG DE CHUNQIUSHI
著者 / 王维俊
经销 / 新华书店
印刷 / 三河市国英印务有限公司
开本 / 710 毫米 ×1000 毫米 16 开 印张 / 15 字数 / 196 千
版次 / 2018 年 10 月第 2 版 2018 年 10 月第 1 次印刷

中国法制出版社出版
书号 ISBN 978-7-5093-9535-6 定价：39.80 元

值班电话：010-66026508
北京西单横二条 2 号 邮政编码 100031 传真：010-66031119
网址：http://www.zgfzs.com **编辑部电话：010-66053217**
市场营销部电话：010-66033393 **邮购部电话：010-66033288**
（如有印装质量问题，请与本社编务印务管理部联系调换。电话：010-66032926）